핸드 투 마우스

부자 나라 미국에서
하루 벌어 하루 먹고사는
빈민 여성 생존기

핸드 투 마우스

부자 나라 미국에서
하루 벌어 하루 먹고사는
빈민 여성 생존기

린다 티라도 지음
김민수 옮김

일러두기

1. 이 책의 옮긴이 주석은 ▪로 표기하며, 일부는 옮긴이와 편집자가 함께 작성한 것이다.
2. 책은 《　》로, 신문과 잡지, 기타 작품은 〈　〉로 표기했다.
3. 원문에 비속어가 등장하는 경우 원문의 느낌을 살리기 위해 비표준어 또는 비속어로 번역했다.

차례

한국 독자에게 보내는 글

이 책을 읽는 독자 여러분이 명심해야 할 점이 있다. 이 책은 미국의 제도와 체계 안에서 벌어지는 미국인의 삶에 관한 얘기이다. 하지만 내가 나누고자 하는 지식은 특정 문화나 정치에만 연관되어 있지 않다. 사실 이 책은 잔인함과 친절함에 대해서, 어째서 당신이 당신 아래 있다고 여기는 그 사람들을 절대 경멸하는 마음으로 업신여기면 안 되는지에 대해서 얘기한다. 서비스직 노동자가 없는 사회는 이 세상에 없다. 또한 최소한의 기본 예의만 지켜도 될 상대라도 상냥하게 대해서 나쁜 경우는 절대 없다.

　내가 이 글을 쓰기 바로 전에 기본적 예의도 근원적으로 불가능한 것처럼 보이는 도널드 트럼프Donald Trump가 대통령으로 당선되었다. 그가 우리의 다음 대통령이 될 것이다. 그는 우리 미국인들을 끌고 지금껏 한 번도 본 적이 없는 부패와 분열,

공포의 시대로 들어가고 있다. 취임 선서도 아직 하지 않았는데 이미 뒤가 구린 경영 작태뿐 아니라 대통령이라는 정치적 입지를 팔아 한몫 잡으려 한다는 각종 추문에 휘말려 있다.

솔직히 말하면, 트럼프 당선의 여파로 미국은 살짝 돌아버린 것 같다. 친구들을 잃어가고 있고 가족과도 멀어지고 있다. 우리가 가장 기본적인 진정한 진실을 잊었기 때문이다. 대부분의 사람들은 마음속에 선의를 가지고 있다는 그 진실 말이다. 사람들은 대부분 자신과 가족들을 위한 삶을 일구기 위해 매우 열심히 노력한다. 또 이 세상을 위해 최상의 것을 원한다. 그러나 삶에 로드맵은 없기에, 무엇이 진짜로 최상의 것인지 알기 힘들 수 있다.

하지만 우리는 그 점을 잊는다. 그래서 서로에게 화를 내고 상대가 사악한 의도를 품고 있다고 의심한다. 이러한 행태는 내가 줄곧 혐오해온 한 가지 편견과 매우 닮았다. 다른 사람이 나쁜 행동을 하는 것은 그들이 다른 선택지를 알지 못해서가 아니라 나쁜 의도를 품었기 때문이라는 가정이 바로 그것이다. 가난한 사람들은 게으르지 않다. 마찬가지로 당신과 정치적 의견이 다르다고 해서 그가 악마는 아닐 것이다.

이 책이 미국에서 처음 출간되고 2년 동안 나는 운이 좋았다. 이 글을 지금 부엌 식탁에서 쓰고 있는데, 이제는 여행 중이 아니면 거의 여기서 일한다. 나는 지구의 절반을 다니며 수천 명의 사람들을 만날 기회를 누렸다. 지구상의 사람들이 서로 너무나 잘 연결되어 있는 이 시대에, 그들의 삶과 그들이 살고 있는 시스템은 어떠한지, 그리고 우리가 대체 어떻게 무엇을 해나갈 것인지에 대해 얘기할 수 있었다. 지구 반대편에 있는 사람과 얘기할 수 있다는 사실이 마치 마법처럼 느껴지던 인터넷 초창기가 기억난다. 지금은 우리 모두가 서로의 무역 거래와 지정학에 대해 알고 있다. 알아야만 하기 때문이다. 일자리를 두고 인도와 영국, 미 대륙과 남아프리카공화국에 사는 사람들과 경쟁하는 중이기 때문이다.

내가 배운 것 중 가장 중요한 건 아마도 어디에 가도 사람들은 다 똑같다는 것이다. 우리는 다르기보다 훨씬 더 비슷하다. 언어와 농담 포인트가 다르지만 말이다.

나는 더 이상 가난하지 않다. 식당 주방에서 일하지 않은 지도 3년이 되었다. 사회적 지위의 변화는 놀랍다. 학위를 따거나 한 것도 아닌데 이제 내가 하는 말에는 마법처럼 무게가 실리며 현명하다고 여겨진다. 아직도 완전 어리둥절하다. 이제 사람들은 내가 가치가 있다고 생각한다. 전에는 전혀 없다고 보던 가치가 말이다. 이건 사실 훌륭한 속임수다. 몇몇 잡지가 당신이 영향력 있는 사람이라고 말해주면 당신은 영향력 있는 사람이 된다. 정말로 그렇게 간단하다. 세상은 제멋대로 굴러간다는, 이제껏 내가 항상 품어왔던 그 의혹이 진실임을 깨닫는 건 잔인하기조차 하다. 지금도 식당 주방에서 일하고 있는 나의 친구들은 나만큼 현명하지만 여전히 다른 평가를 받는다.

나는 누군가의 사회적 지위가 그의 가치나 장점을 뜻하지 않는다는 걸 언제나 명심하려고 애쓴다. 멍청한 CEO와 계산기 없이는 기본적인 덧셈도 할 수 없는 은행원과 세상에 대해 아무것도 아는 것이 없는 사회비평가를 만난 적 있다. 이제껏 내가 여행하며 만난 가장 똑똑한 사람은 이언이라는 이름의 노숙자였다. 호주 시드니 타운홀 근처 길거리에 사는 그는 내게 말하길, 사람들은 외모나 걸치고 있는 옷가지처럼 표면적인 것들에 너무나 많은 가치를 둔다고 했다. 사실은 우리 개개인이 세상에 어떻게 기여하는지로 서로를 판단해야 할 때인데 말이다.

나는 그 말보다 더 공정한 표현도, 더 현명한 말도 찾지 못하겠다. 그래서 시도도 안 할 것이다.

이 글은《핸드 투 마우스》한국어판을 위한 글이다. 내가 한국의 복지제도와 계급 상황은 잘 모르지만 제대로 알고 있는 것이 한 가지 있다. 한국인 여러분은 세계의 다른 나라들이 겪는 것과 마찬가지로 거센 세계화를 경험할 것이다. 그것도 커다란 정치적 격변과 동시에 안정을 위해 이제껏 의존해온 제도와 체계를 향한 점점 커져가는 불신을 품고 말이다.

친절하고, 상냥해지자. 베풀고, 현명해지자. 사람들에게 기회를 주자. 그것은 당신이 진정성을 절대 잃지 않으면서 세상에서 살아남을 수 있는 유일한 길이다. 그리고 그게 자유롭게 살 수 있는 유일한 길임도 알게 되리라. 마음을 열자. 그러면 세상이 당신에게 열리는 걸 발견할 것이다.

추천하는 글

나는 이 책을 오랫동안 기다려왔다. 딱 이 책을 기다렸다는 뜻은 아니다. 이토록 재기 넘치고 웃긴 책, 한순간도 빼놓지 않고 처음부터 끝까지 재미있는 책, 절대 옆으로 새지 않고 핵심만 꼭 짚어주는 책이 세상에 나오리라고는 상상도 못 했으니까. 이 책이 내가 쓴 책이라면 좋으련만 하는 생각마저 들었다. 내가 린다 티라도의 삶을 살아서 그녀가 얻은 지난한 교훈들을 다 뽑아낼 수 있었다면 말이다. 나는 저임금 소매업과 서비스업 노동자로 일하며 고군분투했던 내 경험을 담아《노동의 배신*Nickel and Dimed*》이라는 책을 썼다. 나는 잠입 취재의 일환으로 체험한 것이지만, 린다 티라도는 진짜다.

2001년에 책을 낸 후 나는 노동조합과 교회 모임, 대체로는 대학을 순회하며 10여 년 동안 강연을 했다. 강연은 돈 때문이기도 했다. 돈이 꽤 잘 벌리던 기자 일을 1997년에 잃은 데다 그로부터 몇 년이 지나서는 언론이 글을 쓰는 사람들에게 더는 돈을 줄 필요가 없다고 판단했기 때문이다. 마치 글쓰기에는 열량 소모 같은 게 있을 리 없다는 양.

하지만 강연은 나의 사명이기도 했다. 나는 《노동의 배신》을 쓴 경험이 나를 어떻게 변화시켰는지에 관한 질문을 종종 받는다. 나는 그 질문이 '내가 그 경험을 통해 중간계급으로서 가난한 사람들을 어떻게 더 잘 인식하게 되었는가'를 묻는 것이라고 생각한다. 뭐, 나는 굳이 더 잘 인식할 필요는 없었다. 나 또한 노동계급이라는, 계급 사다리의 아래쪽 가로대에서 태어난 사람으로, 30대에는 혼자 아기를 낳았고, 그 후 창고 노동자와 결혼하면서 다시 그곳에 자리 잡았기 때문이다. 따라서 나의 '기자가 저임금 노동자 돼보기' 깜짝 쇼는 오로지 한 가지 면에서만 나에게 큰 영향을 끼쳤다. 저임금 노동자를 착취하는 것에 대한 감정이 우려에서 분노에 가깝게 변화한 것이다.

한 시간에 7달러(현재로 따지면 9달러 정도˙)를 버는 삶에서 물질적 결핍은 예상한 바였고 과연 예상대로였다. 작동하는 자동차(일자리를 바꾸며 사는 도시를 옮길 때마다 나는 그 도시에서 차를 빌렸다. 그렇게 하지 않으면 버스를 기다리는 것에 대한 글을 쓰게 될 것 같았기에) 같은 특권을 이미 누리고 있었기 때문

˙ 이 책은 2014년 미국에서 출간되었다. 2016년 11월 기준 미국 연방 정부가 정한 최저임금은 시간당 7달러 25센트이며, 주 정부가 정한 최저임금은 다양하다. 물가가 높은 주들은 보통 연방 정부보다 높은 최저임금을 보장하는데, 예를 들어 캘리포니아 주와 매사추세츠 주는 시간당 10달러, 뉴욕 주는 9달러, 워싱턴 D.C.는 11달러 50센트다. 또한 같은 주 안에서도 지역과 업체 규모에 따라 최저임금이 더 높아지기도 한다. 연방 정부가 지정한 최저임금보다 낮은 최저임금을 지정한 주의 경우, 노동 관련 연방법이 적용되는 산업이나 직군에서 일하는 노동자는 연방 정부의 최저임금을 적용받게 되지만 그렇지 않은 경우는 주 정부의 최저임금제가 적용된다.

에 결핍의 경험은 좀더 충격적이었다. 신체 건강하고 돌봐야 할 어린아이가 없는 나 같은 사람이 풀타임으로, 때때로는 두 탕 이상 뛰며 양다리가 고무같이 느껴질 때까지 일을 해대는 데도 사는 곳은 쓰레기 같았고, 끼니는 편의점이나 웬디스Wendy's ▪에 서 때워야 했다.

모욕을 당하고 악의가 느껴지는 장난의 대상이 되는 굴욕 을 매일 느껴야 한다는 것은 미처 예상하지 못한 바였다. 가난 하다는 것은 범죄자 대우를 받는 것을 뜻했다. 마약 사용이나 절도 같은 범죄를 저질렀다는 의심을 꾸준히 받는다. 사적 영역 의 보호 따위는 없다. 훔친 물건이 있는지 소지품을 수색할 수 있는 법적인 권리 ▪▪가 고용인에게 있기 때문이다. 월마트가 갑 자기 내 스케줄을 바꿔서 내가 잡아놓은 두번째 직장을 날려버 린 그때처럼, 합당한 이유 없이 이리저리 휘둘림을 당하는 것은 가난한 삶의 한 부분이다. 가난하다는 것은, 부상과 질병을 '견 뎌내며 일하기'를 명령받는 것을 의미한다. 업소용 초강력 세제 를 사용하다 생긴 끔찍한 발진 같은 것 말이다.

그러나 나를 가장 놀라게 한 것은 다른 것이었다. 저임금

▪
미국에서 흔히 볼 수 있는 패스트푸드점이다.
▪▪
영국 〈텔레그래프(Telegraph)〉의 2015년 11월 9일 기사에 의하면, 미국 캘리포니아 주에 위 치한 애플스토어 직원들이 매일 출퇴근시간과 점심시간에 가방 검색을 하며 소요된 시간을 초 과근무로 인정해 수당을 지급하라고 제기한 소송에서 법원은 애플의 손을 들어주었다. 판사는 그러한 결정의 이유로 직원들이 가방을 들고 오지 않았다면 검색을 피할 수 있었으며, 애플은 제품 도난 방지를 위해 직원들이 가방이나 개인 소유 애플 제품을 가지고 오지 못하게 할 수도 있지만 검색을 거쳐 반입할 수 있게 관대한 정책을 택했음을 들었다. 이와 같이 미국에서는 판 매직 노동자가 제품을 훔치지 못하도록 퇴근할 때 가방을 수색하는 것이 관행으로 자리 잡은 소매업종이 다수 있다고 한다. 이 책의 옮긴이 또한 2008년 미국 캘리포니아 주의 대형 백화 점에 자리한 바디용품 매장에서 추수감사절 단기 아르바이트를 하며 비슷한 경험을 겪었다.

노동자가 된다는 것은 '당신'이 절도를 할까봐 그렇게 끈질기게 당신을 감시하는 바로 그 고용인에게 강도질을 당한다는 걸 뜻한다. 당신은 무급 야근을 강요당할 수 있고, 업무시간이 시작되기 45분 전부터 일을 하도록 강요당할 수 있다. 셈을 해본다면 매주 두세 시간의 임금이 그 회사의 컴퓨터에 의해 깎이고 있다는 걸 알게 될 것이다.

하지만 내가 여러 대학을 돌며 내 경험에 관해 이야기하고, 매일 학교 생활을 가능하게 해주는 저임금 노동자들, 즉 식당 직원과 잡역부와 행정 사무원과 단기 강사에게 관심을 가지라 촉구할 때마다 어김없이 이런 질문을 받았다. "그 사람들은 대체 뭐가 문제죠?" 여기서 '그 사람들'이란 노동자들을 뜻한다. 그들의 고용인이 아니라.

그 질문은 보통 경제학 개론을 수강한 부잣집 도련님 같은 청년이 했다. 내가 보기에 경제학 개론이란 현존하는 계급 구조가 올바르고 공정하며, 그렇지 않다고 해도 어차피 바꿀 수 없다고 청년들에게 믿도록 하는 것을 유일한 존재 목적으로 삼은 과목이다. 경제학 개론에서 가르치는 것처럼 우리의 경제적 상황에 잘못된 것이 전혀 없다면, 남은 질문은 한 가지뿐이다. 어째서 '그 사람들'은 아이를 낳고, 저축이 없고, 대학을 못 가고, 정크푸드를 먹으며, 담배를 피우고, 무슨 일이건 자신의 발전을 가로막을 것이 뻔한 일을 하는 걸까?

그래서 여섯 달 전쯤 린다 티라도의 블로그를 알게 되었을 때 '내가 옳았어'라는 후련한 감정이 파도처럼 밀려왔다. '심지어' 아니, '특히'라고 해야 할까? 그녀가 담배를 피운다고 인정했을 때는 신선한 돌풍이 휩쓸고 간 기분이었다. 일자리가 불규

칙한 남편과 함께 어린 자식 두 명을 기르며 장기간 저임금 노동자로 사는 삶이 어떤 것인지 그녀는 말해준다. 내가 몇 년 동안 노동자의 임금을 높이고 권리를 지키기 위해 운동을 벌이며 이해시키고자 했던 핵심을 그녀는 쏙쏙 짚어준다. 빈곤은 '문화'도 성격적 결함도 아니며 단지 돈이 부족할 뿐이라는 것을, 그리고 그러한 돈의 부족은 고통스러울 정도로 부적절한 액수의 임금에서 비롯되며 끊임없는 굴욕과 스트레스에 의해, 그리고 고용인과 대부업체들, 심지어 법집행기관의 적나라한 강탈 때문에 악화된다는 것을.

이제 나는 빠져야 하겠다. 이에 대해서는 그녀가 나보다 훨씬 더 잘 말해줄 수 있으니까.

바버라 에런라이크

여는 글

2013년 가을. 10년 만에 학교로 돌아와 맞은 첫 학기였다. 나는 일자리 두 개를 뛰었고, 풀타임으로 일하는 남편 톰과 함께 어린 두 딸을 키우고 있었다. 한동안은 괜찮을 것 같다고 우리가 느낀 것이 실로 여러 해 만이었다.

'어째서 가난한 사람들은 자기파괴적 행동을 하는 걸까요'

일터에서 유독 피곤한 하루를 마친 어느 날, 자주 가던 온라인 게시판을 보며 휴식을 취하던 내 눈에 들어온 질문이었다. 내가 이제껏 보아온 것들, 그리고 가난이라는 것이 주는 무게에 어떻게 반응했는지 정도는 설명해줄 수 있겠다는 생각이 들었다. 나는 그 질문에 답글을 쓴 후 등록 버튼을 눌렀고, 며칠은 그에 대해 떠올리지 않았다. 내가 적은 내용은 다음과 같았다.

어째서 나는 '끔찍한 결정'을 내리는가, 또는 '빈곤'에 관한 생각

이에 관해 내 의견을 조리 있게 구성할 방법은 없다. 이제껏 살면서 이런저런 관찰을 통해 형성된 생각일 따름이기에, 가난한 이들이 어떠한 정신적 과정을 거쳐 위의 제목과 같은 행동을 하는지 설명하는 데 도움이 될 수도 그렇지 않을 수도 있다. 나는 우리가 빈곤이라는 문제를 학문적으로 접하지만 그 이유에 대해서는 전혀 알지 못한다는 생각을 종종 한다. 우리가 '무엇'과 '어떻게'를 알고 구조적 문제점들을 보기도 하지만 가난한 사람들이 자신을 대변하는 경우를 보는 일은 실제로 드물다. 그래서 내가 지금 이렇게 직접 글을 쓰는 건지도 모르겠다.

휴식이란 부자들이 누릴 수 있는 사치이다. 나는 학교에 가기 위해 오전 여섯 시에 일어난다(전일제로 이수하는 중이지만 출석을 위해 학교에 가야 하는 수업은 두 과목뿐이다). 수업이 끝나면 일터에 가고, 일을 마치면 아이들을 데리러 갔다가, 남편을 데리러 간다. 그러고 나서 30분 안에 옷까지 갈아입고 두번째 일터로 향해야 한다. 일터에서 돌아오면 대략 새벽 열두 시 반. 그때부터 온라인 수업을 듣고 과제를 한 뒤 세 시에 잠자리에 든다. 매일 이렇지는 않다. 일주일 중 이틀은 쉰다. 그 틈에 나는 집을 청소하고 마티니 씨[■]를 달래고 한 시간 넘게 아이들을 돌보고 밀린 학교 공부를 한다. 그런 날에는 자정이면 잠자리에 들 수 있지만, 너무 빨리 자면 문제가 된다. 늦게 자는 생

■
이 글이 게재된 사이트의 저자 닉네임이 킬러마티니(killermartini)로, 마티니 씨(Mr. Martini)는 게시글 작성자 킬러마티니의 남편, 즉 저자의 남편을 뜻한다.

활습관이 무너져서 다른 날 버티기가 힘들기 때문이다. 두번째 일터에서 집까지는 한 시간을 운전해야 해서 그 시간대에 졸게 되면 큰일이다. 몸이 엄청 아프지 않은 한 일을 하루 쉬는 것은 불가능하다. 따라서 내가 무엇을 하고 있는지 제대로 생각할 여유가 별로 없다. 단지 다음 일, 다음 일정으로 계속 움직일 뿐이다. 계획을 짠다는 것은, 내 계획에는 없다.

첫 임신을 했을 때 잠시 일주일 단위로 숙박비를 계산하는 단기주거용 모텔에서 살았다. 모텔에는 냉동실 없는 미니 냉장고와 전자레인지가 있었다. 나는 WIC^{Woman, Infants and Children} 프로그램[*]에 등록되어 있었다. 나는 땅콩버터를 병째로 퍼먹었고 냉동 부리토를 사서 데워 먹었다. 2달러에 열두 개나 살 수 있었기 때문이다. 가스레인지가 있었다 한들 소고기 부리토를 그렇게 싼 가격에 해먹지는 못했을 것이다. 나는 고기를 먹어야 했다. 임신했으니까. 산전관리는 전혀 하지 못했어도 애를 배면 단백질과 철분을 섭취해야 한다는 것을 알 정도의 지성은 있었다.

나는 요리할 줄 안다. 고등학교를 졸업하기 위해서는 가사 과목을 이수해야 했기 때문이다. 나 같은 상황에 처한 사람들 대부분은 그렇지 않다. 브로콜리는 위협적인 채소이다. 요리하기 위해서는 제대로 작동하는 가스레인지와 냄비와 양념이 있어야 하고, 아무리 피곤해도 설거지는 꼭 해야 한다. 안 그러면 벌레가 끼니까. 하지만 많은 이들에게 이것은 완전히 새롭고 대단한 기술이다. 서글프지만 사실이 그렇다. 그리고 혹 요리가

---

[*] 임산부를 포함한 저소득층 여성과 그 자녀에게 각종 음식을 제공해주는 미국의 복지제도다.

잘못되기라도 하면, 가족들이 배를 앓을 수도 있다. 중간계급이 되기 위해서 너무 열심히 애쓰는 짓 따위 안 하는 게 좋다는 걸 우리는 배웠다. 결과가 좋은 경우는 결코 없으며 노력했는데 또 실패하는 것은 언제나 기분 나쁘니까. 그러니 노력하지 않는 게 차라리 나은 것이다. 입맛에 맞는, 저렴하고 보관이 쉬운 음식을 사는 게 더 타당하다. 정크푸드는 우리에게 허락된 쾌락이다. 왜 우리가 그 쾌락을 포기해야 한다는 말인가. 즐거움이란 애초에 거의 없는 우리인데 말이다.

내가 사는 곳에서 가장 가까운 가족계획연맹▪지부는 가는 데 무려 세 시간이 걸린다. 그리고 그만큼 기름을 차에 넣으려면 돈이 참 많이 든다. 그 정도의 돈을 감당할 수 없는 여자들이 많다. 설사 가족계획연맹 지부에서 가까운 곳에 산다 해도 그곳에 드나드는 모습을 보이고 싶어할 사람은 별로 없다. 우리에게 아이는 '가지는 것' 아니라 '배는 것'임을 잘 알고 있다. 내가 짐작하기에 우리가 아이를 가지는 이유는 대체로 부자들이 아이를 가지는 이유와 상당히 비슷하다. 번식하여 번성하고자 하는 욕구 따위 말이다. 그 누구도 가난한 사람들이 애를 낳는 것은 좋아하지 않으면서도 낙태하는 것은 더 매섭게 비판한다.

편의점 음식은 말 그대로 편리한 음식이다. 그런데 우리에게는 편리함이 그다지 많이 허용되지 않는다. 특히 '애국법USA Patriot

---

▪ 가족계획연맹(Planned Parenthood Federation of America, 통상적으로 Planned Parenthood)은 미국 전역에서 수백여 곳의 진료소를 운영하며 가족계획 관련 의료서비스와 성교육을 담당하는 미국의 비영리단체이다. 간호사 마거릿 생어(Margaret Sanger)가 가족계획 및 피임기구 보급 운동의 일환으로 1916년 뉴욕 시에 개설한 진료소에서 비롯되어 현재에 이르고 있다.

Act **'이 제정된 후부터는 은행 계좌를 여는 것이 어렵다. 계좌가 없는 사람은 수표를 현금화하거나**, 공과금을 납부할 머니오더money order***를 살 곳을 찾기 위해 시간을 많이 소비해야 한다. 요즘 대부분 모텔은 신용카드 없이는 방을 빌려주지 않는다. 나는 샌프란시스코에서 비를 맞으며 다섯 시간을 헤맨 적이 있다. 거의 1000달러가 있었지만 방 하나를 빌릴 수가 없었다. 500달러를 보증금으로 걸고 내 휴대전화를 담보로 맡기겠다고 했지만 소용이 없었다.

우울증에 대해선 아무도 심각하게 생각하지 않는다. 사람들은 알아야 한다. 우리가 피곤함을 느끼지 않을 일은 절대 없다는 걸 우리가 안다는 사실을 말이다. 우리가 희망을 느끼는 일도 절대 없을 것이다. 휴가를 얻을 일도 절대 없다. 절대. 이미 가난하기에, 우리가 가난하지 않을 일은 절대 없을 것임이 확실하다. 우리는 그 점을 알기 때문에 자신을 개선할 이유가 별로 없다. 우리는 일자리에 지원하지 않는다. 면접 합격을 위

**
2001년 발생한 9·11테러 이후 속전속결로 제정, 선포된 테러방지법으로, 정식 명칭은 테러 제동 및 방해에 필요한 적절한 수단의 제공에 의한 미국의 통합 강화법(Uniting and Strengthening America by Providing Appropriate Tools Required to Intercept and Obstruct Terrorism Act of 2001)이다. 명칭에 포함된 각 단어의 머릿글자를 따 애국법(USA Patriot Act)이라 불린다. 애국법 조항 중 법원 허락 없이 정보기관이 시민의 통신기록이나 정보를 수집할 수 있도록 허용한 독소 조항이 2015년 6월에 효력이 만료되어 법원 허락 없이는 정보기관의 시민 통신기록 수집을 금지하는 자유법(USA Freedom Act)으로 대체되었다.

**
미국인들은 자기앞수표가 아닌 회사수표나 개인수표로 임금 등을 수령하는 일이 많은데, 거의 현금처럼 취급되는 자기앞수표와 달리 회사수표나 개인수표는 보통 은행에서만 현금으로 바꿀 수 있다.

***
미국에서는 공과금을 현금으로 내는 대신 개인수표나 수령자를 지정한, 일종의 송금환인 머니오더로 납부하는 경우가 많다.

해 산뜻하게 보일 만큼 돈을 쓸 수가 없다는 걸 아니까. 나는 대단히 유능한 로펌의 비서가 될 수 있었지만 '로펌의 이미지에 맞지 않는다'는 이유로 떨어진 게 한두 번이 아니었다. '가난뱅이는 썩 꺼지시지'를 상냥하게 돌려 말한 것이 '이미지에 맞지 않는다'라는 표현이다. 나는 요리를 잘해서 주방의 숨은 재주꾼이지만 상사는 내게 손님 맞는 일은 시키지 않는다. 내가 레스토랑의 '고급스러운 이미지에 맞지 않는다'라는 이유에서다. 나는 예쁘지 않다. 이도 빠졌고, 눈 한 번 못 붙이고 비타민 B12와 커피와 니코틴만 먹고 산 것처럼 피부는 찌들어 보인다. 아름다움이란 돈이 있을 때 가능한 것이고, 일자리는 아름다워야 얻을 수 있는데 아름다워지기 위해서는 먼저 그 일자리가 필요하다. 이러니 노력할 이유가 있겠는가.

요리를 하면 바퀴벌레가 꼬인다. 아무도 그 점을 깨닫지 못한다. 나는 여러 시간을 허비하며 이쑤시개에 바퀴벌레 사체들을 다 꿰어 그 자리에 두기도 했다. 다른 벌레들에게 본보기가 되도록 말이다. 효과는 없지만 재미있긴 하다.

'공짜'라는 것은 오로지 부자들에게만 존재한다. 우리 학교에 콘돔 상자를 둔 건 참 좋지만, 대부분의 가난한 사람들은 대학 캠퍼스에 발을 들일 일이 없다. 우리는 그곳에 속해 있지 않다. 공짜 진료소가 있지 않느냐고? 그렇다! 있다! 하지만 자기 부담금을 내야 하기 때문에 우리는 가지 않는다. 게다가 진료소에서 가르쳐주는 건 딱 하나뿐이다. 전문의를 만나라는 것이다. 그걸 말이라고 하는 걸까? 화성에 가는 것이 차라리 더 쉽겠다. '저가'와 '소득에 따른 의료비 조정' 등의 표현은 내게는 여전히 '네가 써야 하는 돈'이라는 말로 들릴 뿐인데 어차피 실질적인 도움도 되지 못한다.

　나는 흡연자다. 담배는 비싸다. 또한 내게 주어진 최상의 선택이다. 무슨 뜻이냐고? 알다시피 나는 언제나 — 그렇다, 언제나 — 기진맥진해 있다. 담배는 자극제다. 한 발짝도 더 딛지 못할 만큼 피곤할 때 담배를 피우면 한 시간은 더 버틸 수 있다. 분노가 치솟고 사람들에게 시달려 극도로 기분이 저조하고 더는 손가락 하나 까딱할 수 없을 때 담배를 피우면 아주 잠시지만 기분이 좋아진다. 흡연은 내게 허용된 유일한 긴장해소법이다. 현명하지는 않지만 내가 접근할 수 있는 유일한 방법이다. 내가 쓰러지거나 폭발하는 것을 막아주는 단 하나뿐인 대책이다. 다른 대책은 아직 찾지 못했다.

　나는 재정적으로 잘못된 결정을 많이 하지만 장기적으로는 전혀 문제될 것이 없다. 어차피 내가 가난하지 않을 일이 결코 없는데 이번 주에 내가 한 가지가 아니라 한 가지 반에 대한 돈을 내지 않는다고 해서 잘못될 일이 대체 뭐란 말인가. 희생한다고 상황이 나아지는 것도 아닌데 말이다. 나의 발전을 가로막는 것은 웬디스 햄버거를 먹는 데 쓴 5달러가 아니라, '가난한 사람'으로, 그 이상도 그 이하도 아니며, 언제까지나 가난할 것임을 내가 증명해왔다는 바로 그 사실이다. 훗날 비싼 것 하나를 사기 위해 소소한 즐거움이 사라져버린 황폐한 삶을 살아야 하는 그런 삶은 내게 가치 없다. 내게는 앞으로 기대하고 바랄 수 있는 커다란 즐거움 따위는 결코 없다. 그래서 호주머니에 돈이 있을 때 별것 아닌 인생이지만 조금이라도 즐기자고 생각한다. 내가 얼마큼 책임감이 강하든 어차피 3일 후면 돈이 다 사라져버리기 때문이다. 돈을 충분히 가질 일이 전혀 없다면 돈은 더 이상 의미가 없다. 돈이 많아도 마찬가지일 것 같기는 하지만.

냉혹한 빈곤은 뇌의 장기적 사고 기능을 중단시킨다. 아빠가 다른 애 넷을 낳은 사람들이 있는 건 그 때문이다. 살아남기 위해서 약간의 연줄이라도 바로 그러쥐는 것이다. '나는 가치 있는 존재'라고 느끼고 싶은 유혹이 얼마나 강한지 여러분은 상상도 못 할 것이다. 그것은 허기를 채우는 것보다 더 기초적인 욕구다. 단 한 번, 한 시간 동안 내가 어여쁜 존재임을 느끼게 해줄 사람들에게 가는 것. 그리고 그 한 번의 한 시간이 우리가 얻는 전부다. 우리가 장기적으로 그들과 어울릴 가능성은 그리 많지 않지만, 지금 이 순간 그들은 우리가 강력하고 가치 있는 존재인 것처럼 느끼게 해준다. 한 달 후에 무슨 일이 일어날지는 상관없다. 한 달 후의 일은 오늘이나 지난주에 일어난 일만큼이나 상관없는 것이다. 우리에겐 그 어떤 것도 중요하지 않다. 우리는 장기적인 일을 계획하지 않는다. 그랬다간 가슴만 아프게 될 뿐, 희망을 품지 않는 것이 최선이다. 눈에 보일 때 취할 수 있는 것을 취할 뿐이다.

나는 여러분의 동정을 원하는 게 아니다. 외부의 시선에서 보면 가난한 사람들이 어째서 끔찍한 결정을 내리게 되는지 인간적인 차원에서 설명하고자 했을 따름이다. 우리의 삶이 이와 같고 우리의 방어기제는 이러하기 때문에 우리는 다른 방식으로 사고한다. 확실히 패배주의적이긴 하지만 안전하기도 하다. 이게 다. 여러분의 이해에 도움이 되었기를 바란다.

내 글을 두세 명은 읽어줄까 싶었을 때 벼락이 쳤다. 수많은 사람이 내 글을 공유하기 시작한 것이다. 어떤 이는 우리가 놀던 웹사이트의 대문에 걸릴 수 있도록 글을 내보라고 제안했는데 그게 그리 대단한 일은 아니어서 나는 그 제안에 따랐다. 그러자 순식간에 세상이 뒤집혔다. 〈허핑턴 포스트 *Huffington Post*〉가 내 글을 실은 것이다. 〈포브스 *Forbes*〉도 실었고 〈네이션 *Nation*〉도 실었다.

글이 입소문을 탄 후 내게 동의하지 않는다는 이메일을 많이 받았다. 그들은 나와 같은 방식으로 삶에 대처하지 않았다. 그들의 주장은 일리가 있고 진실하기도 했다. 그 점을 유념해주기 바란다. 일리도 없고 진실도 아니었던 것은 내가 '가짜' 가난뱅이라고 추측하는 비판이었다. 이러한 비판의 다수는 내가 빈곤층으로 태어나지 않았다는 사실에 근거하는 듯 보였는데, 월세를 내지 못하는 상황에 처하려면 태생부터 가난해야 한다는 것이 그들의 주장인 것 같았다. 하지만 우리 사회에는 '계층 하락'이라는, 나 같은 사람을 가리키는 표현이 어엿이 존재한다. 박사 출신 노숙자들이 있고, 최근까지 중간계급이었던 사람이 푸드스탬프 Food Stamp▪를 받기 시작한 경우도 한두 명이 아니다. 사람들이 인정하려는 것보다 더 많은 이들에게 빈곤은 현실이다.

▪

푸드스탬프는 미국 연방 정부가 자원을 제공하는 사회보장제도 중 하나로, 저소득층 수급자가 식료품을 구매할 수 있도록 현금을 보조해주는 프로그램이다. 현재 프로그램의 명칭은 SNAP(Supplemental Nutrition Assistance Program)이지만 푸드스탬프라 불리는 종이 쿠폰을 현금 대신 사용했던 과거에서 비롯된 명칭이 여전히 통상적으로 쓰이며, 행정 처리를 담당하는 주 정부에서도 푸드스탬프라는 명칭을 공식적으로 사용하는 경우가 많다.

이처럼 비판적인 반응도 있었지만 연대의 반응이 압도적으로 많았다. 내가 말하려는 것이 무엇인지 정확히 이해하며 그들 또한 비슷하게 느낀다는 사람들의 이메일이 수천 통씩 쏟아졌다. 그들은 자기 얘기를 해주었다. 그들을 괴롭히는 것이 무엇이며 그들이 어떻게 삶을 살아가고 있는지를 털어놓았다. 나처럼 느끼는 이들은 나뿐만이 아니다. 절대 그렇지 않다. 하지만 가난한 사람들이 이런 얘기를 풀어놓아도 아무도 귀 기울이지 않는다. 우리만의 이유를 설명할 기회는 보통 오지 않는다. 그렇다, 설명이다. 독자 여러분이 방금 읽은 내 온라인 게시글과 이 책이 바로 우리의 설명인 것이다. 가난하다는 것이 어떤 것인지 여러분에게 맛보여주기 위해 나는 내 능력 안에서 가능한 일을 하는 것이다. 물론 나의 글은 '설명'의 한 버전일 뿐이다. 가난한 사람은 수백만 명이다. 우리의 성격과 배경이 다양한 만큼이나 우리의 경험과 그 경험에 대처하는 법들 또한 다양하다.

내가 유독 험난하게 산 경우는 아니다. 그런데 그 점이 일종의 핵심이다. 이 나라 사람들의 약 3분의 1이 나처럼 살고 있다. 우리는 모두 자신만의 방법으로 살아가지만 그럼에도 비슷한 부류의 일을 하고, 비슷한 장소에서 살며, 남들만큼 되지 못할 것이라는 비슷한 감정을 느낀다. 복지수급자 수가 폭발한다는 사실에 우리가 다른 사람보다 더 행복을 느끼지는 않는다고 나는 감히 말하겠다. 푸드스탬프를 받으면서 본질적으로 의미 없는 파트타임 일자리 두 탕을 뛰는, 그런 삶을 꿈꾸며 자라는 사람은 없다. 많은 사람에게 다른 선택지가 별로 없을 뿐이다.

실제로, 미국 도시연구소Urban Institute에 의하면 미국인의 절반은 65세가 되기 전에 빈곤을 경험한다고 한다. 그중 75퍼센트는 4년 후에 빈곤을 극복하는 등, 대부분의 사람이 상대적으로 짧은 기간에 그 상태를 벗어난다. 하지만 재빠르지 못한 25퍼센트는 그 자리에 남는 것이다. 게다가 같은 연구에 의하면 빈곤 상태가 오래 유지될수록 그 상황에서 빠져나올 확률은 낮아진다고 한다.

바닥에서 사는 대부분의 사람은 빈곤 상태와 빈곤을 아주 살짝 벗어난 상태를 주기적으로 오간다. 때때로는 괜찮지만 때때로는 물 밑에 잠기는 것이다. 연도에 따라, 직장에 따라, 또는 건강에 따라 변한다. 내가 자신 있게 말할 수 있는 것은, 계층 하락은 모래 늪과 같아서 한 번 빠지면 완전히 휩쓸릴 때까지 당신의 선택권을 계속 제한한다는 것이다.

나는 스스로 내린 결정들과 심각한 불운이 겹치며 바닥으로 미끄러졌다. 대부분의 사람이 나 같은 경우라고 생각한다. 계층 상승은 납 천장에 막힌 것처럼 보이는 반면 중하층계급과 빈곤층 사이에 쳐진 막은 끔찍할 만큼 구멍이 숭숭 뚫려 있어서 위에서 아래로 쉽게 새나간다. 많은 이들이 그 스펀지 같은 경계선에 살고 있다.

나는 평범한 경로를 통해 지금 이 상태가 되었다. 열여섯 살에 집을 떠나 대학에 진학했고 10대가 흔히 하는 짓들을 곧바로 해대며 10년이 넘게 가족과 연을 끊었다. 빚을 얻어도 나아지는 게 없다는 사실이 뚜렷해졌을 때 대학을 중퇴했다. 나는 학교에 다닐 준비가 된 상태가 아니었다. 나는 직장을 잡으려고 했다. 그것이 현명해서라기보다는 내가 잡을 수 있는 첫번째 기회였기 때문이다.

나는 또한 병원비를 내야 했다. 일자리를 잃은 적도 수차례였고, 음주운전자 때문에 차를 폐차한 적도 있었다. 홍수에 가진 것 전부를 잃기도 했다.

빈곤의 이유가 이것 아니면 저것이 아니라는 뜻이다. '선천적이냐, 후천적이냐' 또는 '가난한가, 가난하지 않은가'가 아니다. 빈곤이란, 우리 모두에게 다가올 잠재성을 품고 있다.

이는 거대한 사회적 문제이며, 우리는 기술혁명과 지구화가 여러 방법으로 불평등을 지대하게 증가시킨다는 것에 대해 겨우 이해하기 시작한 참이다. 평범한 시민은 이에 책임이 없다. 또한 개개 기업을 탓할 수도 없다. '우리'가 '집단으로서 함께' 결정을 내려온 방식이 문제다.

부분적으로는 나쁜 정책적 결정들과 누구도 내다볼 수 없었던 요인들이 겹쳐서 우리는 이 상태까지 왔다. 기업에게 더 잘하라고 하는 것은 가난한 개인에게 저축을 더 하라는 것과 다를 바가 거의 없다. 맞는 말이고 도움 되는 말이지만 실제로 따라하기는 그리 쉽지 않다. 사람도 그렇지만, 기업들도 대부분 최상위 1퍼센트에 들지 못한다. 그들은 시장을 좇아갈 뿐 주도하지 않는다. 게다가 돈만 있으면 얼간이들도 기업 경영을 할 수 있는 세상이다. 그들은 인적자본에 장기적 투자를 하는 것이 좋다는 점을 깨달을 정도로 똑똑하지 않다.

나는 엄청난 좌절감과 불만에 가득 차 있지만 자본주의 자체를 반대하지는 않는다. 가난한 이들을 포함, 대부분의 미국인이 나와 같다. 우리는 '누구나 성공할 수 있다'라는 개념을 좋아한다. 내가 반대하는 건 시민 대부분에게서 생명력을 빨아먹은 후 남은 것 가지고 잘해보라 요구하는 그런 자본주의다. 세상살이에 필요한 거친 일을 가난한 이들이 수행한다는 사실, 그리고 그것이 존엄하다는 사실에 우리가 동의할 수만 있다면 그 거친 일은 덜 고되게 느껴질 것이다.

쉽게 말하면 이런 뜻이다. 나는 '누군가가' 변기를 닦을 필요가 없다고 말하는 것이 아니다. 내가 말하는 것은 그저, 당신이 변기라는 말 자체에 구역질을 느끼는 대신 그 변기를 청소해주는 사람들에게 감사하면 어떠냐는 것이다. 그들이 아니라면 당신 스스로가 변기를 닦아야 할 테니까 말이다.

이 책에서 언급되는 이들의 신원을 숨기기 위해서 나는 주의를 꽤 기울였다. 내가 같이 일했던 대부분의 상사는 일자리를 옮긴 지 오래로, 이제는 다른 곳에서 일한다. 하지만 혹시나 하는 마음에 장소와 개인정보 그리고 이름을 바꿔 그들의 사생활을 보호하려고 했다. 아무도, 심지어 나조차, 내가 책을 쓰리라고 생각하지는 않았지만, 이 책에서 사용된 일부 용어의 정의에 대해 잠시 짚고 가자면, 그 용어들의 정의는 내가 내린 것이기 때문에 그 의미를 미리 밝히고 싶다. '빈곤'이란, 25센트가 빌어먹을 기적을 의미하는 경우다. '가난'이란 1달러가 기적인 경우다. '돈이 없음'이란 5달러가 기적인 경우이다. '노동계급'은 돈은 없지만, 다 무너져가는 것은 아닌 장소에서 돈이 없는 삶을 사는 사람들이다. '중간계급'은 장난감도 몇 개 가지고 있으며 산뜻한 곳에서 사는 이들을 뜻한다. 그런데 '산뜻한'이 '근사한'을 뜻하는 것은 아니다. 가구를 대여하지 않고 직접 살 수 있고 고지서에 대해 걱정할지언정 노숙자가 될까봐 전전긍긍하지는 않는 정도를 뜻하는 것이다. 그리고 '부자'란, 그보다 더 잘사는 모든 사람을 뜻한다.

이 책이 모든 얘기를 세세히 담고 있지는 않지만, 내가 출발선으로 돌아오기 위해 애쓰는 동안 맛보았던 여러 감정과 경험은 종합적으로 담고 있다. 그중엔 비논리적인 얘기도 있으며 직관에 반하는 얘기도 있다. 서로 모순되는 얘기도 있다. 내가 인간이기에 그렇다. 우리는 모두 그런 면들을 가지고 있다.

내가 지니지 않은 면모들도 또한 많다. 나 아닌 사람들이 여러 면에서 내가 처했던 그 어떤 상황보다도 훨씬 더 고된 상황에 놓여 있다. 하지만 나는 그 사실을 지적하기보다는(경주마처럼 주변 시야가 막혀 있지 않은 다음에야 누구에게나 당연한 사실 아닌가) 그저 이렇게 말하겠다. 이 책은 내가 '나'로서 느낀 바를 쓴 것이다. 백인으로 인식되는 상대적으로 젊은 사람. 외향적인 성격을 타고났으며 똑똑하고 말을 조리 있게 하는 사람. 교육을 잘 받았고 그로 인해 배움을 사랑하게 된 사람. 그리고 20kg 정도의 물건을 거듭해서 들어올릴 수 있는 사람으로서 느끼는 바를 말이다. 이렇게 유리한 점이 많아도 내게 희망은 보이지 않았다. 그러니 나보다 더 심한 차별을 마주하고 있는 사람, 또는 내가 운이 좋아 누릴 수 있었던 여러 기본적 도움 없이 성장했던 사람이라면 얼마나 더 힘들지 나는 상상조차 할 수 없다. 독자들은 이 또한 염두에 두길 바란다.

마지막으로 확실히 해두고 싶은 것이 있다. 나는 이 책에서 사랑이나 흥밋거리나 친구 등, 내 인생의 좋은 점들에 대해서는 그리 언급하지 않았다. 그런 점들은 모든 인간에게 공통적으로 존재하며, 다시 말하지만 나도 인간이기에 내 인생에도 그런 좋은 점들이 있다. 하지만 지금 여러분은 가난한 사람들에게만 존재하는 독특한 점들, 그리고 우리가 그것들에 대처하는 방식에 관심이 있을 것이다. 나는 내가 이제껏 살면서 가장 많이 비판을 받아온 부분에 집중했고 그 이면에 존재하는 동기들에 관해 내 시각대로 설명했다. 어째서 '나'라는 사람이 이런 행동을 하는지 여러분에게 말하고자 이 책을 썼다.

그러니 빈곤이 영향을 미치는 삶의 면모들, 그에 따라 가난한 사람들이 규정되고 비판받는 그러한 면모들을 나와 함께 살펴보지 않겠는가. 우리의 노동윤리(또는 노동윤리의 부재)라든가, 우리의 성생활(확실히, 너무 활발한 것 아닌가), 우리의 스트레스 해소법(난잡한 빈자들이여), 우리의 건강관리 행태(안다. 내가 흡연자라는 사실이 어이가 없을 것이다) 등등. 내 곁을 떠나지 마시길. 가끔은 불편할 수도 있겠지만 그 과정에서 여러분은 동료 미국인의 삶에 대해 무언가를 배울 수 있을 것이다. 그리고 진짜 내 마음을 솔직히 털어놓자면, 독자 여러분이 자신에 대해서 무언가 배우게 되기를 진정으로 바란다. 그래서 아마도 조금은 다르게 생각하게 된다면 좋겠다.

자, 이제 책을 펼치자. 열린 마음으로 읽어준다면 고맙겠다. 여기까지 견디고 올 수 있는 독자라면(우리가 마음이 맞는 편인지 확실하게 하고자 시험 삼아 불경스런 표현들을 조금 사용해보았는데 괜찮았는가) 내가 무엇을 얘기하려는 것인지 아마도 이해하고 있을지 모르겠다.

01

돈을 벌려면
돈이
있어야 해

이 책의 첫 장을 시작하기 위해 나는 내가 겪은 가장 최악의 일, 끔찍함의 본보기 같은 일을 떠올리려고 하다가 잠시 생각이 멈췄다. 선택의 여지가 너무나 많아 창피했다고나 할까? 마침내 첫 이야기로 고른 나의 과거사는 이렇다.

당시 나는 20대 중반이었고 결혼했지만 아이는 없었다. 그 당시 나와 남편은 산속에 있는 작은 마을에 살았다. 나는 바텐더로 일했다. 난잡하게 노는 젊은 남자애들이 대체 어디 가서 죽는 걸까 궁금해한 적이 있다면 그 답은 성인 남성들의 친목 조직이다. 그런 조직은 회원들만 출입 가능한 바를 따로 정해두고 그 안에서는 무슨 짓이라도 할 수 있다고 생각한다. 그리고 그 '무슨 짓'에는 바에서 음료를 내오는 사람들의 신체적, 정신적 공간을 침해하는 일도 포함되어 있었다. 내가 일하던 곳이 그런 바였다.

나스카NASCAR▪ 주최의 자동차경주가 열릴 때면 바에는 수십 명의 사람들이 앉아 버드라이트 맥주를 마시며 '주니어'의 상대적 장점에 대해 논쟁을 했다(이쪽 분야에 무지한 이들을 위해 설명한다면, 여기서 '주니어'란 유명 자동차경주 선수인 데일 언하트Dale Earnhardt의 아들인 '데일 언하트 주니어'를 뜻한다. '주니어'와 그의 아빠는 둘 다 사랑받는 선수들이지만 누가 상대적으로 더 나은지는 광적인 논쟁거리다. 당신이 이곳에 살면서 '주니어'를 '언하트'라고 부른다면 즉각 도회지 사람으로 커밍아웃을 한 셈이다). 나에게는 두 명의 상사가 있었는데, 그중 80세가 다 되어가던 상사는 장부를 살피는 척하면서 싸구려 술이나 들이붓고 싶어하는 그런 사람이었다. 다른 한 명은 나름 인생의 전성기에 있던 사람으로 그때껏 살면서 자기 자신이 정말 멋지게 보이지 않았던 날은 단 하루도 없었다고 했다(현실의 그는 머리가 벗겨지고 있었고 불룩한 배에 숱이 별로 없어 얍삽해 보이는 콧수염의 소유자였다. 그래서 이 책에서는 그를 '얍삽남'이라고 부르겠다).
　　얍삽남은 내가 아주 젊다고 떠들어댔고, 내 몸에서 햇빛에 그다지 노출될 일이 없는 부위를 골라 '우연히' 스치곤 했다. 매일 바에 나오지는 않았지만, 나오는 날이면 나는 그가 그날 할 행동을 진저리날 정도로 잘 예측할 수 있었다. 그는 내가 그에게 성적인 서비스를 제공할 수 있는지 20분마다 물어댔다. 종종 자기 아내가 그 말을 들을 수 있을 만큼 가까이 있다는 사실은 전혀 문제가 되지 않았다. 왜냐하면, 그의 말은 그저 농담이었기 때문이다. 당연하지 않은가. 그는 그런 말을 함으로써 자

▪ 전미 개조자동차경주 협회(National Association for Stock Car Auto Racing)의 준말이다.

신이 여전히 매우 남자답다는 것을 증명할 따름이었다. 그와 잠자리를 함께한 여자들이 교대근무에서 편한 시간을 차지하긴 했지만, 그건 우연일 뿐이다.

고작해야 일당 20~30달러를 더 받고 그 짓을 할 만큼 나는 필사적이지는 않았다(아무리 나라도 가격이 맞았다면 역겨운 늙은이와도 기꺼이 섹스를 하겠지만, 얍삽남이 부담할 수 있는 금액은 그 가격에는 훨씬 미치지 못할 것을 확신한다). 대신 나는 최저임금을 받았고 팁으로 10~20달러 정도를 더 벌었다. 주 정부 복지보조 프로그램에 지원할 자격이 되는 수준의 소득이었다.

그래서 나는 두번째 일로 식당 종업원을 했다. 팁 받는 일을 한다는 것은 적어도 최저임금은 항상 받을 수 있음을 뜻한다*. 연방 정부에서 정한 식당 종업원의 최저임금은 한 시간에 2달러 13센트였다(주 정부의 경우 팁을 받는 직원에게 더 높은 최저임금을 책정하는 곳들도 있지만 미국 전체 주의 절반 정도에 그친다). 팁까지 합쳐도 연방 정부가 정한 최저임금인 7달러 25센트를 벌지 못하면 식당이 차액을 부담해야 한다. 기업이 운영하는 식당에서는 쓸모없는 사람은 한 명도 고용하지 않을 만큼 식

---

* 식당 종업원 등 고객들에게 현금으로 팁을 받는 것이 관행으로 굳어진 직종의 경우, 총 임금은 고용인이 주는 현금(현금 임금)과 고객이 주는 팁(팁 임금)으로 구성되며, 연방법에 의한 최저임금은 현금 임금과 팁 임금을 합친 금액으로 정산한다. 연방법과 별개로 미국 각 주는 팁을 받는 피고용인에 대한 나름의 최저임금제를 시행한다. 팁의 금액과 상관없이 주법에 의한 최저임금(주에 따라 시간당 4~10달러)을 고용인이 현금 임금으로 반드시 지급해야 하는 주(종업원은 최저임금에 더해 팁 임금을 벌게 된다), 연방법과 비슷한 얼개로 고용인이 주는 현금 임금과 팁 임금을 합쳐 최저임금을 맞추지만 연방법보다는 현금 임금 금액이 큰 주(팁 임금의 부족을 인정하려 들지 않는 악덕고용인에게 고용되었다고 하더라도 피고용인은 연방법에 의한 금액보다는 기본적으로 임금을 더 보장받을 수 있다), 그리고 연방법과 동일한 현금 임금 금액을 채용한 주로 나뉜다. 2016년 8월 1일 기준 연방법과 동일한 현금 임금 금액을 고용인에게 요구하는 곳은 총 19개 주이다.

당의 수익을 너무나 철저히 사수하기에, 호시탐탐 기회를 엿보다가 직원을 집으로 돌려보내곤 한다. 개인이 운영하는 작은 규모의 식당들, 즉 바쁘지 않을 때는 몇 시간 동안 한 명의 직원만 일하게 할 때도 있는 그런 곳에서는 손님이 없을 때 직원에게 찌든 먼지를 닦아내는 청소 등 다른 일을 시킬 수도 있다. 이런 경우 직원은 계속 일을 할 수는 있지만 임금은 시간당 2달러 13센트만 받게 된다. 아무리 훌륭한 직원이라 하더라도 몇 시간 동안 손님이 한 테이블밖에 없다면 팁만으로 두세 시간 몫의 최저임금을 받을 가능성은 그다지 높지 않다. 이런 식당은 알아서 팁을 후하게 주는 여유로운 손님들이 오는 곳이 아니다. 차액을 더해 7달러 25센트를 받아야한다고 사장에게 말한다면 노동시간이 깎이거나 심지어는 해고를 당할 위험을 감수해야 한다. 따라서 대체로 입을 꾹 다물게 된다.

두번째 일터의 경우 신입은 손님이 적은 시간대에 근무해야 하기 때문에 나는 시간당 4달러 정도를 벌었다. 손님이 한 명도 없이 몇 시간이 흐르곤 했다. 내가 친절하게 계산을 해주겠다. 평균적으로 나는 하루에 예닐곱 시간을 일해서 50달러 남짓을 벌었다. 더 버는 날도 있었고 덜 버는 날도 있었다. 교육을 받은 후에도 손님이 많은 저녁시간대를 받지 못했다. 저녁시간대 중반까지는 첫번째 일터인 바에서 일해야 했는데, 두번째 일터인 식당에서 저녁식사를 접대하는 종업원들은 사전 준비를 위해 오후 세네 시에는 출근해야 했으므로 내가 저녁시간대에 일하는 것은 불가능했다. 바 때문에 식당에서 좋은 시간대를 놓치는 것도 모자라 식당 일 때문에 바에서 열리는 파티 등 특별한 행사들, 즉 내가 돈을 벌 수 있는 행사도 놓쳤다.

일이란 이런 식이다. 두 곳 이상의 일자리를 뛸 때마다 나는 스케줄이 겹쳐서 한 곳에서 버는 만큼을 다른 곳에서는 잃었다. 즉, 첫번째 일터에서 특별행사나 추가 노동시간을 미리 보장받을 수 있다면 두번째 일터는 구할 필요가 없었다. 하지만 그러한 보장이 없고 추가 노동시간이 없거나 날씨가 나빠 손님들이 집에 머무르는 주에는 할 일이 없게 되므로 위험을 줄이기 위해 거지 같아도 두번째 일자리를 구해야 하는 것이다.

한 사람이 동시에 뛸 수 있는 일자리의 수는? 내가 본 것 중 최대치는 네 개였다. 바텐더, 댄서, 식당 종업원, 그리고 요가 강사. 나는 세 탕까지 뛰어보았다. 바텐더, 식당 종업원 그리고 투표인 등록 독려원▪. 힘들어서 거의 죽을 뻔한 한 해였지만 여전히 2만 달러 소득의 벽을 깨지 못했다.

최저임금으로는 생계유지가 어렵다는 것을 미국인 중 아주 진보적인 편에 속한 이들이라면 그리 어렵지 않게 믿을 것이라고 생각한다. 하지만 나는 진보나 보수 양쪽 모두 마치 기적의 경계선이라도 되는 양 최저임금에 집착한다고도 생각한다. 최저임금보다 더 번다면 사는 게 쉬워지기라도 한다는 듯 말이다. 최저임금보다 더 벌고 있다는 이유로 최저임금 노동자에 포함되지 않는 사람들이 수백만 명인데 그들이 얼마를 버는지 아는가. 시간당 7달러 25센트 대신 시간당 7달러 35센트를 번다. 아니, 7달러 50센트까지 버는지도 모른다! 패스트푸드점이나 달러스토어▪▪,

▪
미국의 경우 유권자가 투표하려면 미리 등록을 해야 하기 때문에 투표율을 높이기 위해 독려원들이 거리로 나와 등록할 것을 독려한다.
▪▪
한국에서 흔히 볼 수 있는 천원샵이나 다이소 같은 저가 상품을 취급하는 잡화점이다.

주유소 등 미국의 많은 곳에서 대부분의 직원들은 8~9달러 미만을 번다. 그렇다고 그들이 아이들인 것도 아니다. 그러므로 당신이 최저임금 통계 수치에 대한 토론을 듣거나 그에 참여한다면 서비스직 노동자의 대다수가 최저임금의 근사치를 받고 있다고 가정하라. 우리가 오르는 사다리는 가로대가 촘촘하게 너무 많이 질러져 있어 오르고 또 올라도 사다리 꼭대기에 닿기가 힘들다. 나와 같은 식당에서 일하던 남편은 7달러 75센트를 깨는 데 거의 2년이 걸렸다. 그가 최저임금 노동자였는가. 아니었다. 하지만 최저임금과 7달러 75센트의 차이는 1년에 단지 1040달러에 그친다. 그 정도 차이도 풀타임으로 일하는 경우에만 가능한데 애초에 풀타임 자체가 희귀한 일이다.

이것이 당신의 현재 모습이다. 쉴 새 없이 일해 쥐꼬리만큼 돈을 벌고, 그렇게 살면서도 남보다 뒤떨어지기는 아주 쉽다. 하지만 당신 집주인은 당신이 온 힘을 다해 일하든 말든, 일할 시간이 더 없든 말든 개의치 않는다. 집주인에게 중요한 것은 오로지 당신에게 월세를 낼 돈이 있는지다. "내가 정말 각종 명목의 생활비를 내고자 했다면 몸을 팔아서라도 했을 것이다" "당신이 돈이 없는 건 오로지 필요한 만큼 열심히 일하지 않기 때문이다" "인생을 제대로 헤쳐나갈 수 없는 사람에게 품어줄 인내심 따위는 없다" 등등의 말을 집주인에게 들은 적도 있었다. 실로 그는 이런 일련의 모욕이 마치 유익한 조언인 양 뱉어댔다. 내가 그에게 애걸하고 나 자신을 비하하며 비수기여서 노동시간이 줄었는데 다른 일자리를 찾을 여유도 없이 통보받았다고 구구절절이 설명한 후였다.

일자리 없이 가난한 것보다 일하며 가난한 것이 훨씬 더 비참하다. 그게 일과 빈곤에 대해 내가 내린 기본적인 결론이다. 일을 하지 않았을 때는 없이 사는 데 개의치 않았다. 일자리를 구할 수 없다는 사실이 더럽기는 해도, 돈이 한 푼도 없으면 사는 게 피곤하고 짜증 나며 집 밖으로 얼씬할 수 없다는 것을 쉽게 예상할 수 있다. 반면 죽도록 일하고 노동시간을 늘려 달라 애걸하고 동전 한 푼도 헛되게 쓰지 않는데도 정기적으로 전기세를 낼 수 없다면. 그것은 영혼이 죽는 경험이다.

사람들은 최저임금 노동자의 대부분이 아르바이트하는 10대라고 생각한다. 최저임금이나 그 미만의 임금을 받는 노동자의 절반이 25세 미만이라고 노동통계국이 웹사이트에 명확히 밝히고 있기 때문이다. 하지만 같은 웹사이트에 의하면 그러한 노동자의 절반은 25세 이하가 '아니기도' 한 셈이다. 최저임금이나 그 미만을 버는 25세 이상의 성인이 80만 명이라는 뜻이다. 샌프란시스코 전역에 사는 인구보다 2만5000명이 더 많은 수라고 하면 더 확실하게 감이 오지 않는가.

앞에서 이미 지적한 바와 같이 다수의 성인은 최저임금에서 단지 몇 푼을 더 번다. 하지만 보통의 성인이라면 아무리 어설퍼도 대부분의 10대보다는 일을 훨씬 잘한다고 생각한다. 게다가 최저임금 50센트의 인상분이 결국엔 극히 미미한 것에 지나지 않는다는 점을 고려하면, 나의 가치가 평가절하되었다고 느끼지 않기란 힘들다. 성인으로서 내가 성취한 것들의 합이 동전 몇 푼에 지나지 않는다는 것처럼.

하지만 좌절감은 잠시 접어두고, 최저임금을 번다는 것이 실제로 어떤 의미인지 얘기해보자.

최저임금을 받고 일하는 것은(또는 이미 언급했듯이 그에 가까운 임금을 받고 일하는 것은) 장기적 예산을 짠다는 게 백일몽과 다름 없음을 뜻한다. 수중의 돈은 동날 때까지만 내 돈이며 공과금은 납기가 가장 오래 지난 것부터 내게 된다. 오하이오에 있는 패스트푸드점에서 나는 일주일에 약 스물다섯 시간을 일했다. 시간당 7달러 50센트의 임금을 받아 한 주에 187달러 50센트를 벌었다. 같은 일터에서 마흔 시간을 일하던 남편은 300달러를 집에 가져왔다. 1년 동안 한 주도 빠지지 않고 일해서 우리 둘은 약 2만5000달러를 벌었다. 2인 가구 기준 최저생계비보다 9000달러가 더 많은 금액으로, 한 주에 200달러 정도를 초과한 액수다. 생계 유지는 가능했다. 빠듯하게 말이다. 안락함을 느끼거나 휴식을 취하거나 죄책감 없이 하루를 쉬기에는 충분하지 않았다. 그해 우리는 저소득층에 속하는 미국 가구 3분의 1의 제일 위에 위치했다. 미국 인구의 약 3분의 1이 그 정도 수준의 예산으로 살고 있다는 뜻이다.

다시 말하면 미국인 일부는 그보다 훨씬 더 적은 돈으로 산다는 뜻이기도 하다. 일주일에 마흔 시간을 일하는 최저임금 노동자의 연간 소득은 1만5080달러이다. 그 액수의 반이 집세로 들어간다고 치면 그 사람은 나머지 7540달러로 살아야 한다. 한 해를 말이다.

한 달에 628달러, 격주마다 받는 임금으로 치면 314달러로 집세를 제외한 모든 것, 음식, 옷, 자동차 할부금과 기름값을 내야 한다는 뜻이다. 운이 좋다면 그 액수를 다 벌어 생계를 유지할 수 있을 것이다. 하지만 항상, 아니 대체로라도 운이 계속 좋은 사람이 있을까? 아파서 일자리를 잃을 수도 있다. 새 직장을 구하더라도 첫 임금을 받을 때까지는 314달러로 버텨야 한다.

또는 신이 저주를 내려 차가 망가지거나 뼈라도 부러지면 어떻게 할 것인가.

그래도 뭐, 괜찮다. 임금을 늘려보자. 조금 더 상냥하게 평균적인 패스트푸드점 노동자의 임금보다 훨씬 더 높게 액수를 책정해보자. 당신이 꽤 괜찮게 벌고 있다면, 예를 들어 시간당 10달러를 번다면, 1년 소득은 약 2만800달러가 된다. 집세 외에 쓸 수 있는 돈으로 1년에 1만400달러, 한 달에 867달러, 격주 임금으로는 433달러를 버는 셈이 된다. 세금을 떼기 전에 말이다(그런데 세금도 꽤 떼어간다는 것이 함정). 100달러가 무지막지한 차이를 내지 않는다는 것은 아니지만, 법적으로 받을 수 있는 최소한보다 더 버는 것만으로 스크루지 맥덕*처럼 금화 위에서 뒹굴 수 있는 것은 아니다.

물론 이러한 계산은 소득의 반이 집세로 가는 등, 당신이 탈탈 털렸을 때 얘기다. 통념대로 소득의 3분의 1을 집세에 할애한다면 격주로 받는 임금에서 쓸 수 있는 금액은 최저임금 노동자의 경우 418달러, 시급 10달러 이상의 경우 577달러로 조금 올라간다.

그러니 좀더 넉넉하게 가보자. 당신이 시급 10달러를 받고 그중 3분의 1을 집세에 쓴다고 가정해보자. 그 경우 한 달에 약 1155달러가 남는다. 공과금과 일터에 갈 때 모는 자동차 기름값을 내고 음식과 주거비를 쓰면 아마 500달러 정도가 남을 텐데 물론 병원비나 약값이나 빚이 없다는 가정에서다. 그리고 이

---

* 영국 소설가 찰스 디킨스(Charles Dickens)의 소설 《크리스마스 캐럴(Christmas Carol)》의 주인공 구두쇠 스크루지에서 기원한 디즈니 만화 캐릭터로 도널드 덕의 삼촌이다.

는 세전 금액이다.

　준엄한 진실은 이렇다. 당신이 해온 그 모든 일의 결과로 남는 것은 하루 10달러. 당신이 거지 같은 아파트에 살며 싸구려 음식을 먹고 결근 없이 하루 여덟 시간을 일한다고 가정할 때, 당신이 가장 기본적인 생활비 외에 쓸 수 있는 금액은 10달러. 이런 조건을 다 만족시키고 빚과 건강 문제라는 부담이 없다면 당신은 여가시간에 무엇이든 할 수 있다! 비디오를 빌리고 전자레인지용 팝콘을 살 수 있다. 좀 괜찮은 동네로 차를 몰고 가 고급 커피를 마실 수 있다. 하루에 아무렇게나 써도 되는 돈 10달러로 세상살이가 껌 씹는 것처럼 쉬워진다. 헐, 그 10달러로 껌도 몇 통 살 수 있겠다.

　내가 너무 돌려 말하고 있는 것은 아니리라 믿는다. 결국 결론은 하나다. 내가 한 계산은 엉터리라는 것이다. 이런 금액의 돈으로는 제대로 살 수 없다. 예외란 없다. 살아남을 수는 있겠지만, 그게 다다.

최저임금보다 더 나쁜 것이 있다. 임시직의 한 형태로 파견직이라 불리는 것이 그것인데, 회사들이 정기적으로 파견직 노동자를 고용하여 풀타임으로 일을 시키고 있다는 사실을 알면 대다수의 미국인은 충격을 받을 것이라 장담한다. 파견직을 경험해보지 않았기 때문이다. 회사는 인력파견업체를 통해 고용하는 파견직 노동자에게 기업복지를 적용할 필요도 없고 고용안정의 의무도 없다. 한 푼을 아끼기 위해 회사들은 정기적으로 파견직 노동자들을 여러 해 동안 고용한다. 여러 해 동안 말이다. 노동자를 직접 고용하는 것보다 저렴하고 법적으로 허용된 고용 방식이기 때문에 회사들은 이런 짓을 한다. 미국이란 나라의 법은 너무나 약하다. 실제로, 파견직 노동자 보호에서는 대한민국(!)보다도 뒤떨어져 있을 정도이다.

이런데도 건강보험과 유급병가, 온갖 종류의 기업복지로 지갑이 두둑해서 인생을 쉽고 건강하게 사는 사람들이, 즉 재정적으로 평온한 상태의 사람들이 상황을 변화시키기 위해 '벌떡 일어나 일하러 달려가는' 자세가 부족하기 때문에 사람들이 가난한 거라고 생각한다면? 그에 대한 내 반응을 솔직히 썼다간 출판할 수 없을지도 모른다.

파견직으로 일한 경험이 그다지 없다는 것에 나는 정기적으로 신들에게 감사해한다. 파견직으로 일하는 친구들의 얘기는 상당히 끔찍하다. 잡역부든 변호사든 직종에 상관없이 풀타임으로 일하지만 회사는 어떠한 기업복지도 제공하지 않으며 계속 임금을 받을 수 있으니 안심하라고는 죽어도 말해주지 않는다. 회사는 아무것도 보장해주지 않는다. 당신이 여러 해 동안 일을 했다 해도, 인력파견업체를 통해 당신을 고용하는 한 그들은 임금 인상이나 승진 같은 '성가신' 일은 하지 않아도 된다. 파견직이라도 한 회사를 위해 90일 넘게 일하면 정규직으로 전환되는데, 우리 집 근처에 있는 공장 한 곳은 90일을 채운 파견직 노동자를 주기적으로 해고하고 재고용했다. 해고된 파견직 노동자를 3주의 실직 기간이 지나 다시 고용하는 것이다.

그 공장은 더는 우리 동네에 있지 않다. 지방 정부로부터 세제혜택을 받아 초반 몇 년 동안은 세금을 내지 않던 그 공장은, 독자들이 쉽게 짐작했듯이, 세제혜택 기간이 끝난 후 경영

수익성이 충분하지 못하다는 결론을 내리고 문을 닫았다. 임시직을 고용한 임시 공장이라니.

자본주의가 잔혹하지 않다는 헛소리를 대체 누가 하는가.

02

준 만큼
받는 법

다른 사람들은 어떤지 모르겠지만 나는 내 상처의 수만큼 돈을 번다. 내가 그보다 일을 더 한다면 그것은 내가 사장에게 베푸는 호의다. 그러나 나는 나를 제대로 대하지 않는 사람들에게 도움을 주는 편은 아니다. 무슨 뜻이냐고? 우리는 비정상적인 조건에서 일한다. 위험하기조차 하다. 한여름 대부분의 주방은 실내 온도가 40°C를 훌쩍 넘기 때문에 견디기가 매우 힘들다. 더위를 먹어 병원으로 실려가는 사람들도 보았다. 많은 이들이 냉동고로 뛰어가 몸이 식을 때까지 몇 분 동안이나 머무른다. 과열된 상태에서 영하 20°C의 환경으로 가는 것이 건강에 좋을 리는 없을 것이다. 나는 의사가 아니니 장담할 수는 없지만, 그럴 것이라고 확신한다.

내 팔과 손은 튀김기를 사용하며 생긴 상처들로 덮여 있다. 거의 200°C에 가까운 기름은 사람 팔에 닿을 때 따끔거리지 않으니 기름이 튀는 것을 완전히 피할 도리는 없다. 오븐 장갑이 해졌는데도 짠돌이인 식당주인이 새 장갑을 사주지 않아서 양손을 덴 적도 있다. 칼이 미끄러져서 거의 손가락뼈까지 잘린 적도 있다. 발에 무거운 도구를 떨어뜨린 적도 있는데 너무 바빠서 손에 묻은 기름기를 닦아낼 시간조차 없었기 때문이다. 나는 열손가락으로 다 꼽을 수 없을 만큼 다양한 경로로 부상을 입었다. 그것이 내가 한 시간에 7~8달러를 버는 방법이었기 때문이다.

이런 일을 겪는 것은 불가피하다. 일의 본성상 그렇다. 일자리를 구할 때 우리는 그 사실을 알고 있고 수긍도 한다. 위험한 일들은 다 그렇다는 것 말이다. 우리는 멍청하지 않다. 진짜 문제는 그 위험의 가치가 제대로 평가받지 못한다는 데 있다. 우리의 부상이 사장을 위해서라면 말 그대로 피라도 흘리겠다는 의욕의 신호로 받아들여지기보다는 우리의 불리한 조건으로 간주된다는 뜻이다.

겉으로 보기에는 주방에서 일하며 생긴 상처가 더 극적이지만 감정적 피해는 판매직의 경우가 가장 끔찍하다. 노동조건은 대놓고 말이 안 되는 수준이다. 세 시간은 창고에서 재고 정리를 하라고 하면서 동시에 계산대를 절대 비워두면 안 된단다. 고객을 위해서 항상 커피를 준비해놓아야 하며 대접할 때는 반드시 신선한 커피여야 한다고 요구한 바로 그 입으로 내게 커피를 낭비한다고 불평했다. 나는 혼자서 30제곱미터 넘는 공간을 책임져야 하지만, 그 구역은 언제나 잘 정돈된 상태여야 한다. 쇼핑객들은 넘쳐나는데 상품을 정리해둘 선반 조차 충분하지 않다.

내 신발 크기는 일자리의 수준에 따라 실제로 변했다. 좀 나은 일터에서는 때때로 앉아 있는 것을 허용했다. 그리 괜찮지 않은 곳에서는 여덟 시간에서 열 시간씩 서 있느라 발이 부어서 신발에 들어가지 않았다. 사규로 정해진 '월마트 치어Walmart Cheer' 때문에 나는 절대 월마트에서는 일하지 않았다. 지금은 바뀐 것이 확실한 듯하지만, 월마트는 회의 시 '월마트 치어'라 하여 직원들에게 춤을 추며 구호를 외칠 것을 요구했다. 그것도 골반을 앞으로 튕기면서 말이다(유튜브에 동영상이 있으니 보라. 보지 않고 믿는 것은 불가능할 거다). 그다지 오래전도 아닌 그 시절, 관리자의 눈에 차도록 활기차게 엉덩이를 흔들어대지 않다가 찍힌 직원은 앞으로 끌려나와 치어를 이끌어야 했다. 누가 내 앞에서 "외쳐, W! 외쳐, A! 외쳐, L! 외쳐, 물결무늬(아니, 이제는 '불꽃'일까? 새롭게 바뀐 로고에는 '~' 대신 '✳'을 쓰니까■)!"라고 외쳐준다면, 나는 아주 기꺼이 '엿이나 처먹어'라고 답할 것이다. 월마트에서 일하던 친구들은 열정이 부족하다고 관리자들의 심기를 건드리기 전에는 결코 벌점을 받은 적이 없다고 했다(월마트 측에 공정하기 위해 밝히자면, 내 친구들은 엉덩이를 충분히 흔들어대지 않았다고 잘린 것은 아니다. 인과관계를 증명할 수는 없다. 그저, 흔들대는 걸 멈추기 전에는 벌점을 받은 적이 없는 것일 뿐).

종종 나는 일터에서 어떤 단어를 사용해야 하는지 지시를 받는다. 주어진 표현에서 벗어나거나 시간을 줄이기 위해 두 단

■ 월마트 치어가 생긴 당시의 로고 **WAL-MART**는 여러 차례에 걸친 변화 끝에 2008년에 **Walmart** ✳로 바뀌었다.

계를 축약하면 경고를 받는다. 판매직 직원들은 회사가 정한 반경 안에 고객이 들어서면, 회사가 정해둔 어조와 목소리 높이로 그 고객에게 인사해야만 한다. 텔레마케팅의 경우 말할 수 있는 모든 단어가 이미 정해져 있기도 한다. 패스트푸드점에서 일할 때는 보통 세 가지 인사말 중에서 고를 수 있다. 대형 패스트푸드 체인Large Fast-food Chain 중 한 곳(책에서는 줄여서 LFC라고 부르기로 하자)에서 사용하는 인사말은 다음과 같다.

(1) 어서 오세요. LFC입니다. 무엇을 도와드릴까요?
(2) 어서 오세요. LFC입니다. 오늘은 단돈 4달러 99센트에 맛있는 치킨 요리를 추천해드립니다!
(3) 어서 오세요. LFC입니다. 오늘은 어떤 신선한 음식을 만들어드릴까요?

회사는 우리가 정해진 표현만을 확실하게 쓰게 하려고 가짜 손님을 파견하기까지 했다.

사장은 우리가 취해야 하는 모든 행동을 아주 세심하게 알려준다. 아마도 우리가 원숭이처럼 멍청해서 스스로 결정을 내리는 게 불가능하다고 생각하는 것 같다. 내가 아닌 척, 당신을 좋아하는 척하는 대가로 그들이 내게 돈을 지급하는 것이다.

상사가 할 수 있는 미친 짓이라는 주제에 관해 얘기하는 김에 말하자면, 미국에서는 당신이 휴식을 취할 법적 권리가 없다. 못 믿겠으면 검색해보길 바란다. 주 정부 중에 휴식시간을 강제하는 주들도 있다. 일부 농업 관련 직종은 연방 정부에서 정한 휴식 규정이 있다. 하지만 전반적으로 당신은 점심시간,

또는 휴식시간 자체를 요구할 권리가 없다. 휴식시간이란 모두 사장의 재량에 달려 있다.

'과연 이 직장이 일에 대한 나의 꿈과 야망을 충족시킬 것인가'라는 질문을 던질 수 있는 호사를 누리는 사람들도 있다. 나는 직장의 근사함을 재는 나만의 척도가 있다. '내 소화기관의 은밀한 사정을 상사에게 알릴 것을 요구하는 일터인가, 아니면 원할 때 그냥 화장실을 갈 수 있는 일터인가'가 그것이다. 영원히 참는 것은 신체적으로 불편하고, 그렇다고 마치 누군가가 문을 열어주길 기다리는 개처럼 승낙을 기다리며 서 있기는 정말 더럽고 치사하다. 하지만 내게 이 문제가 존엄한 이유는 방광염의 잠재적 위험만이 아니다. 화장실행을 미리 고지해야 한다는 것 자체가 일터 분위기에 대해 많은 점을 시사하기에 중요한 것이다. 내 경험상, 상사가 아랫사람의 요도를 통제하는 직장은 다른 굴욕적인 일들도 한 다발씩 요구하는 경향이 있다.

가난한 사람들은 게으르고 무능력하다고 생각하는 사람들이 많다는 걸 우리 가난한 사람들은 잘 알고 있다. 그들은 우리가 제대로 행동하는 법을 모르거나, 언제나 지각을 하거나, 그저 별생각이 없어서 해고당한다고 생각한다. 하지만 부자들이 깨닫지 못하는 것이 있다. 해고를 당하는 것은 어이가 없을 정도로 쉽다. 그리고 우리는 자주 두 개 이상의 일자리를 뛴다는 이유로 해고를 당한다.

'본사'가 따로 있는 일터에서 일하는 경우, 상대적으로 적은 노동시간을 할당받는다. 풀타임 대접은 절대 받지 못한다. 그랬다가는 회사가 기업복지를 제공해야 하기 때문이다(설상가상으로, 이 '풀타임'이란 종종 주당 28~32시간 근무를 뜻한다). 사장이 당신에게 주당 스무 시간의 노동시간을 할당한다 할지라도 실제로 일하는 시간은 열 시간, 또는 서른 시간일지 모른다. 일터가 얼마나 바쁘냐에 따라 상황은 바뀐다. 한가한 상황이면 당신을 집으로 보낼 것이고 바쁜 상황이면 당신이 늦게까지 일하기를 바랄 것이다. 그들은 또한 다른 직원이 갑자기 아플 경우 당신이 그 사람 대신 일해주기를 기대한다. 결론적으로 자기들이 필요할 때면 당신이 항상 일할 수 있기를 기대한다. 따라서 근무 일정을 미리 짠다는 것은 불가능하다.

어떤 회사는 나에게 내가 (1) 임의고용직at-will■이며, (2) 기업복지가 없는 파트타임이고, (3) 회사가 필요할 때마다 일을 할 수 있어야 하므로 회사의 허가 없이 다른 직장을 구하면 해고 대상이 된다고 쓰인 계약서에 서명할 것을 요구했다. 말도 안 된다고? 이런 계약서가 미국에서는 합법이다.

이런 것들은 피해갈 수가 없다. 나조차 시스템의 불합리성에 두 손 들고 사람을 그만두게 한 적이 있다. 그중 한 명은 사실은 내가 아주 좋아했던 직원이었다. 유능하고 붙임성 있고 유머 감각도 좋았다. 하지만 그녀가 일하는 다른 직장의 상사가 그녀의 근무 일정을 일찍 알리지 않았기 때문에 나는 그녀에게 노동시간을 할당할 수가 없었다. 우리 일터에서 작업이 월요일에 시작한다고 치면, 그녀의 다른 직장 근무 일정은 일요일 밤

■ 임의고용은 미국에서 흔히 볼 수 있는 고용 형태로, 회사가 사전 통보 없이 직원을 그만두게 할 수 있고 직원 또한 사전 통보 없이 퇴사할 수 있다.

에나 나왔다. 나는 근무 일정을 일주일 또는 그전에 미리 짜놓는 성향이라 그녀의 다른 직장인 식당에 전화해서 미리 상의하려 했다. 그 식당의 점장은 자기 습관을 바꿀 필요를 그리 느끼지 못하겠으니 문제가 있다면 알아서 해결하라고 했다. 나는 그녀를 그만두게 할 수밖에 없었다. 다른 직장의 상사가 그녀의 잠재적 노동시간을 전부 원했기 때문이다.

이런 일이 어떻게 합법이냐고? 미국에 존재하는 엄청난 수의 일자리들(가난한 사람들이 종사하는 일자리들의 경우 끝내주게 높은 비율)이 임의고용직으로 간주된다. 때때로 당신은 그게 무슨 뜻인지 이해한다고 쓰인 종이에 서명할 것이고 때때로는 안 할 것이다. 당신을 고용하는 일자리의 세련도와 규모에 따라 다르다. '임의고용'이란, 어느 날 상사가 당신 눈동자가 지나치게 갈색이라 판단하고 그 이유로 당신을 바로 그만두게 할 수 있다는 것을 뜻한다. 시민권법에 위반이 되지 않는 한 그들은 당신에게 이유를 알려줄 필요가 없고 해고의 사유로 그 어떤 이유도 댈 수 있다. 나는 상사가 서류에 실수했다는 이유로 해고된 적이 있다. 독감에 걸렸다고 해고된 적도 있다. 누군가와 잠자리를 하지 않았다는 이유로 해고된 적이 있다. 누군가와 잠자리를 '했다'는 이유로 해고된 적도 있다. 가슴 수술을 할 돈이 없다는 이유로 해고된 스트리퍼를 본 적도 있다. 술 취한 건설노동자들 앞에서 상의를 탈의하고 춤을 추기에는 그녀의 원래 가슴이 그럴싸하지 않다고 클럽 점장이 생각했기 때문이다.

간단하게 정리해보자. 당신은 가난하고, 따라서 아무리 거지 같은 일자리라도 필사적으로 잡고자 한다. 그런데 이 거지 같은 일은 그 속성상 당신이 언제라도 잘릴 수 있는 그런 일이다. 동시에 당신의 노동시간은 사전 예고 없이 줄어들 수 있고, 사장은 해고수당을 줄 의무가 없다. 왜, 어떻게, 언제 당신을 자르든 간에 말이다. 그런데 가난한 사람이 왜 더 가난해지는 건지 궁금하다고?

물론, 해고의 모든 경우가 부자 정치가에 의해 치밀하게 구성된 음모는 아니다. 나는 출근 못 하겠다는 전화를 너무 자주 한다는 이유로 해고된 적도 있다. 평상시 나는 웬만하면 일을 빼먹지 않는 사람이었고, 내가 일터에 전화를 한 대부분의 상황은 일을 못 할 정도로 정말 아플 때였다. 하지만 때때로 차 시동이 안 걸린다거나 아니면 그저 도저히 일하러 갈 마음이 안 나서 전화를 한 적도 있다. 일을 빼먹기 위한 변명은 무엇이든 그리 중요하지 않고 상사 또한 그다지 개의치 않는다. 여기서 핵심은 일을 빼먹는 이유가 합당한지 아닌지가 아니라, 너무 자주 빠지는지 아닌지이다.

인정한다. 멍청한 짓을 해서 해고된 적도 있다. 그저 일에 의욕이 전혀 없어서 계속 지각을 해서 해고된 적도 있다. 상사에게 가운뎃손가락을 올려서 해고된 적은 한 번만이 아니었다. 그리고 점장으로서 나는 똑바로 서 있지 못할 정도로 술에 취한 상태로 출근하는 바보짓을 한 사람들을 해고했다. '주먹 문신*'을 하고 온 남자를 해고해야 한 적도 있다. 징그럽고 끔찍하다는 이유로 사람을 해고하기도 했다. 그때는 임의고용을 허용하는 주에 사는 것을 신에게 감사했을 정도였다. 그는 일을 못하

---

* 엄지를 제외한 여덟 손가락의 아래쪽에 각각 문신을 새겨 양손을 주먹 쥐고 함께 내밀면 하나의 표현이나 그림이 완성되는 문신을 말한다.

지 않았고 딱히 꼬투리 잡을 것도 없었지만, 여자들을 마주하고 있는 동안은 너무나 자주 자기 사타구니를 주물러대곤 했다.

바보 같은 장난을 치는 것도 위험하다. 나와 함께 일했던 녀석 하나는 지루해진 나머지 주차장에 종이 상자로 성을 쌓았다가 다음과 같은 이유로 해고됐다. (1) 회사가 '비전문적'으로 보이게 함. (2) 시간 도둑. 이 정도는 장난이다. '청소를 포함한 잡일에 능숙함'이라고 쓰인 배지를 달고 싶어하지 않는다는 이유로 해고된 사람을 본 적도 있다. 나는 TPS Testing Procedure Specification 보고서[■]를 언급하지 않고서 하루를 마칠 수 있던 적이 거의 없었다(TPS 보고서가 뭔지 모르는 이들은 하던 일을 멈추고 당장 영화 〈뛰는 백수 나는 건달Office Space〉을 볼 바란다).

무엇보다도 나는 내가 중요하게 생각하는 것에 대해 신경 쓰지 않는 사람들을 해고했다. 나 또한 회사의 소유주들이 나를 좋아해주는 것보다 더 신경 써준 적은 없다. 하지만 동료들을 위해서라면 죽을 수도 있다. 우리는 대체로 그런 편이다. 우리가 고열과 부상과 쑤시는 뼈마디를 견디면서 일할 때, 그것은 돈을 벌기 위해서이기도 하지만 그렇게 일하지 않으면 동료들이 대신 고생해야 함을 알기 때문이기도 하다. 내 시간대의 일이 아무리 힘들더라도, 직원 한 명이 빠지면 남은 이들은 더욱 힘들어진다. 특히 서비스 산업에는 '피포위 의식Siege Mentality[■■]'이라

[■]
TPS 보고서는 원래 소프트웨어 개발이나 전기전자 공학에서 주로 쓰는 용어로, 제품 개발 테스트 과정이나 단계를 묘사·서술하는 보고서를 뜻하지만, 미국에서는 1999년에 개봉한 영화 〈뛰는 백수 나는 건달〉에서 사용된 이후 무능하고 무기력한 상사가 부하 직원에게 요구하는 의미 없고 지루한 서류 작업을 뜻하는 용어로 자리 잡았다.

[■■]
항상 적들에게 둘러싸여 공격이나 압박을 받고 있다고 느끼는 일종의 강박관념을 말한다.

는 것이 있어서 직원들이 뭉쳐 지옥을 함께 견딘다. 당신이 '굿 바이' 하고 집에 가버리면 당신은 동료들이 적은 인원으로 더 많은 고객을 대하도록 내버려두고 가는 셈이 된다. 그 경우 그 들은 해고될 위험이 커진다. 고객이 서비스에 대해 불평을 한다 면 사장은 동료들이 아픈 사람의 몫까지 일을 더 하고 있는지는 아랑곳하지 않기 때문이다. 따라서 당신이 나를 위해 일하는데 짐만 된다면, 난 당신을 제거할 것이다.

내가 완벽한 직장인의 모범인 것처럼 보이려고 이런 말을 늘어놓는 것이 아니다. 나는 관리자로서는 끔찍하다. 시도했을 때마다 실패했다. 부하 직원들은 나를 사랑했지만 이윤의 수호자 로서 나는 형편없었다. 내가 가장 충성하는 존재는 나의 동료들 이고 그다음이 고객이다. 그리고 한참 떨어진 세번째가 회사다.

예를 들어보자. 나는 부하 직원들이 유통기한이 만료된 샐 러드와 짓물러 팔 수 없게 된 채소들을 쓰레기통에서 꺼내 집으 로 가져가는, 그야말로 멋진 행동을 하는 것을 알게 되었다. 그 때부터 나는 음식이 쓰레기통 안이 아닌, 쓰레기통 옆에 놓이도 록 힘썼다. 이런 조치는 당신도 알겠지만 관련자들 모두에게 규 칙에 크게 어긋나는 것이었다.

내가 한 짓을 들키면 버려지는 양을 계속 측정하여 다음번 에 주문할 적당량을 정하는 데 참고하려고 했다고 말하면 된다 고 생각했다. 만약 회사가 알아냈다면 어떻게 나왔을지 잘 모르 겠다. 대부분의 회사는 그런 일에 대해서는 알고 싶어하지 않 는다. 남은 음식조차도 가져가지 못하게 하는 그런 매몰찬 짓은 심지어 그들도 하고 싶지 않지만 일단 알게 되면 책임 소재를 분명히 하려고 할 것이다. 알면서도 사람들에게 유통기한이 만료된 음식을 먹도록 허락할 식당은 없다. 그 음식이 누가 보아도 여전히 먹을 만한 상태라도 말이다. 직원들이 팔 수 없는 음식을 먹는 걸 회사가 허용하지 않으려는 이유는 또 있다. 직원들이 폐기되는 음식을 먹을 수 있다면, 사려던 음식을 안 사게 될 거라고 가정하기 때문인데, 직원들로부터 뽑아낼 수 있는 잠재적 수익을 잃는 것이 죄악이 아니라면 무엇이 죄악이랴! 하지만 자신이 일하는 가게에서 반값에라도 음식을 사먹는 사람들은 거의 없다. 직원들 대부분은 배가 고프지만 일하는 도중이라 먹을 수 없다면 음료를 더 마실 뿐이다. 나는 항상 내가 부리는 조리사들이 자기가 조리한 음식을 볼 때마다 군침만 삼켜야 한다면 제대로 솜씨를 발휘할 수 없을 것이라고 생각했다. 하지만 그보다도 나는 마치 빅토리아 시대 꼬마들이 거리 빵집의 유리창에 달라붙어 김 나는 롤빵을 바라보는 것처럼 녀석들이 자신들이 굽는 햄버거 고기를 아련한 눈빛으로 보게 할 수는 없었다.

직원들이 배가 고프다고 하면 나는 음식을 주었다. 부모인 직원들에게는 아이에게 먹이라며 기한이 만료된 치킨너깃 상자를 퇴근길에 들려 보냈다. 물론 내 상사들은 대체로 나를 상대하는 것을 아주 싫어했다. 으레 그랬다. 사실 그들을 탓할 수는 없다. 그들의 일도 내 일만큼 거지 같은 데다 나는 그들에겐 엄청난 골칫거리였던 것이다. 내가 아주 좋아하던 상사 중 한 명은 무슨 일을 할 때마다 '왜' 그래야 하는지를 나에게 설명해줘야 하는 것이 너무 싫었다고 말해주었다. 하지만 나는 내게 보고를 하는 직원들에게 '왜'를 설명하는 것이 내 일의 일부라고 생각했다. 노동시간이 삭감되거나 임금이 동결되면 나는 당연히 그들이 이해할 만한 이유를 댈 것이다. 우리가 직원의 4분의 1을 해고할 예정이면 그 이유를 설명할 수 있도록 준비하는 것이 내겐 당연한 일이었다.

일을 열심히 하는 착한 일벌이 되어 자본주의의 바퀴를 굴리는 데 일조를 하는 것이 내 몫을 다하는 것이라고 생각하는 사람들이 많다는 것을 알고 있다. 나도 그렇게 하고 싶지만 그렇게 해서 얇은 임금 봉투를 받는 것 외에 나한테 무엇이 좋은 건지 알 수 없을 따름이다. 이렇게 생각해보자. 내가 인생 최고의 임금을 받았을 때 나는 1분에 약 19센트를 벌었다. 세금을 떼기 전에 말이다.

따라서 내가 필요 이상의 정성을 기울여 일을 열심히 한다면, 그건 내 상사를 위해서가 아니라 내 동료들을 위해서일 것이다. 하층계급에서는 확실히 서로의 뒤를 봐주는 경우가 아주 많다(상류계급끼리만 뒤를 봐주는 일을 한다면 불공평하지 않나). 어린이집에 아이를 보낼 수 없게 된 조리사를 위해 베이비시터까지 구해준 적도 있을 정도다. 그녀는 아이를 돌보기 위해 노동시간을 줄일 수 있는 상황이 아니었고, 나는 그녀가 출근할 수 없다는 전화를 하게 두기보다는, 그래서 일손이 부족한 상황을 초래하기보다는, 여기저기 전화를 돌려서 아이를 돌보며 여윳돈을 조금 더 챙기면 아주 좋아할 계산원을 찾아냈다. 나는 조리사에게 돈을 빌려주어 조리사가 계산원에게 돈을 내도록 했고 결국은 모든 사람이 자기가 필요한 것을 손에 넣었다. 우리는 이런 짓거리를 많이 한다. 그러지 않고서는 결코 살아남을 수가 없다.

나는 퇴근하면 남편에게 짜증을 부리지 않으려고 애쓴다. 내가 기분이 나쁜 것이 그의 잘못은 확실히 아니기 때문이다. 남편 또한 마찬가지로 내게 짜증을 내지 않으려고 노력한다. 저임금을 받고 일한다는 것은, 퇴근했을 때 무엇을 하며 인생을 살 수 있는지 깨달을 수 있을 정도의 정신적 에너지만 간신히 남아 있다는 뜻이다. 물론, 몸을 움직일 의지를 불러일으킬 수 있다면 말이다.

솔직히 말하면, 나는 힘센 특권층들이 솔직해지면 일을 하며 겪는 굴욕이나 비하는 마다치 않을 것 같다. 노동환경이 끔찍하다는 것을 그들이 그저 인정해주기만 한다면 말이다. 그들은 그러기는커녕 우리가 일을 더 열심히 해야 하며 일자리와 먹을 것과 머리 위에 얹힌 지붕에 감사하라는 말을 한다. 그리고 참으로 비참한 일이지만 우린 진짜 감사하게 생각한다. 하지만 우리가 하는 그 모든 일과 비참한 노동환경에 대한 대가로 무언가를 요구할 권리는 인정받지 못한다. 성취감이나 윗선에서의 존중 또는 고용안정 같은 것 말이다. 특권층의 눈에 우리는 이런 것들을 당당하게 요구할 수 없는 존재인 것이다. 열심히 일하는데도 가난한 것은 정말 끝내주게 괴롭다. 사방에서 벽이 나에게로 조여드는 악몽 속에서 사는 것과 같다.

노동시간은 줄여놓고 잔업으로 엄청나게 오래 일을 시키는 것은 정말 미친 듯이 싫다. 마치 내 시간은 아무 가치가 없다는 듯이 여겨서, 내가 절실히 필요하지 않은 시간이 1분이라도 있으면 사장이 그만큼 돈을 덜 줄 수 있게 하는 것이다. 일주일에 스물여덟 시간까지만 일할 수 있다는 말을 들으면서도 두번째 일자리를 가질 수 있는 능력은 포기하겠다는 서명을 하는 것이 아주 싫다.

이런 모든 것들의 결과가 무엇일까? 난 그저 일에 '신경' 쓰기를 포기한다. 에너지와 활기와 의욕을 다 잃는다. 나는 시키는 대로, 딱 그 정도만 일한다. 나를 내가 입고 있는 유니폼보다 가치 있는 존재로 여겨준 상사는 거의 없었다. 그들에게 우리는 교체 가능한 존재였다. 따라서 나도 상사를 위해서 애써 일하지 않는다. 내 마음에 들지 않는 것은 나의 가치가 제대로 평가받지 못한다는 점만이 아니다. 나 자신이 얼마나 쓸모없는 존재인지 깨닫게 하려고 사람들이 애쓰는 것처럼 느끼게 되는 것. 그것이 문제인 것이다.

어느 회사에서 1년 넘게 일을 했을 때였다. 11월에 일터에서 부상을 입고 오랫동안 서 있을 수가 없게 되어 두 달간 병가를 내야 했고 회사의 크리스마스 파티에 초대받지 못했다. 나는 동료의 데이트 상대로 파티에 참석해서 다른 사람이 크리스마스 보너스를 받는 모습을 지켜보았다. 나는 받지 못했다. 엄밀히 따지면 나는 관리직에 있지 않았고, 따라서 받을 자격이 없었다. 그 해의 대부분 시간에 내가 일을 했다는 사실은 고려되지 않았다.

나를 정말 열 받게 했던 건 회사 소유주가 내 자리를 대신 채우고 있던 여자에게 한 해 동안 너무나 열심히 일해줘서 감사하다고 말한 것이었다. 그는 나를 전혀 알아보지 못한 것이다.

그런 식의 한결같은 지지를 받는 상태에서 내가 내 임금을 결재하는 사람들에게 돈을 더 많이 벌어주겠다고 개인적으로 의욕을 불태운 적이 거의 없다는 사실이 미스터리는 아닐 것이다. 결론적으로 나는 그들이 주는 돈만큼만 그들에게 충성한다. 내가 아는 대부분의 사람이 나와 같다. 이런 결과는 또한 논리적이기도 하다. 자, 보자. 우리가 정말 일을 잘한다면, 자신의 120퍼센트를 헌신한다면, 우리는 자기 시간대에 다른 직원을 지휘하는 시프트 매니저shift manager가 될 가능성이 있다. 그러면 시간당 무려 2달러나 더 받게 된다. 2달러 정도의 돈을 받고 우리는 회사의 이윤이라는 것을 수호하기 위한 최전선에 서게 된다. 우리가 통제할 수 없는 것에 대해 책임져야 하는 입장이 된다.

그리고 거기서 우리는 끝이 난다.

당신이 전형적인 서비스직에서 일한다면 시프트 매니저가 당신이 올라갈 수 있는 가장 높은 자리다. 시프트 매니저 약 다섯 명당 점장 자리는 하나밖에 없기 때문이다. 하지만 회사가 모든 직원을 너무 박대해서 이직률이 높다고 치자. 그러면 당신은 부점장, 또는 점장까지 올라갈 수도 있고 2만~3만5000달러를 벌게 된다. 대신 당신은 육체적으로는 매우 고되고 감정적으로는 진이 쭉 빠지는 일을 일주일에 80~90시간씩 해야 한다(도시는 대체로 임금이 높지만 내가 일했던 두 회사 모두 3만 달러 중반 이하로 임금 상향 제한이 있었다). 이렇게 표현하면 이해가 더 잘될지도 모르겠다. 체인 레스토랑의 점장으로서 내가 두번째 아이를 낳은 후 받은 육아휴직은 고작 8일이었다. 그것도 무급이었다.

우리가 돈을 더 많이 벌고 싶어하지 않는 건 아니다. 하지만 정말 무엇이 더 나은 선택일까? 공부가 취향이 아닌 사람들에게 학교는 걸맞지 않은 투자다. 현금을 내야 하고, 일터에서는 노동시간을 많이 받을 수 없게 되며, 스케줄이 경직되어 일자리를 찾기가 더 힘들어지기 때문이다. 게다가 교과서를 사는 데 드는 돈만으로도 당신은 사망선고를 받을 수 있다▪. 제길, 나는 공부가 취향에 맞는 부류인데도 오랫동안 학교는 내게 좋은 투자가 아니었다. 빚만 잔뜩 졌을 뿐 보여줄 결과물이 없었다.

서비스업에 종사하기 전 나는 정치 조직 운동을 하며 더욱 보람차고 덜 고된 방법으로 생계를 이으려고 노력해보았다. 먼저 짚어두자면, 정치 쪽 일들도 임금이 높지는 않았다. 보통 시간당 8~10달러였다. 빈곤에 대한 내 글이 세상의 빛을 본 후 사람들이 내 과거의 재정 상태를 파헤치려는 모습을 보고 나는 미친 듯이 웃다가 연방선거위원회에 등록된 내 임금 자료를 찾아냈다(아마추어 탐정들에게 프로 같은 팁을 하나 준다면 등록된 서류에 기재된 그 숫자는 '한 해'에 내가 번 돈이다. 임금을 받을 때마다 수령한 금액이 아니다. 심각하게 생각해보자. 남의 집 문을 두드리거나, 그렇게 두드릴 사람을 조직하는 사람이 대체 얼마나 받을 거라고 생각하는가). 다수의 보람차고 창조적인 일자리와 산업에 존재하는 어두운 진실은 이렇다. 제대로 요령을 배우고 위로 올라갈 수 있다는 특권을 부여받는 대가로 당신은 처음에는 아주 적은 보수를 수긍해야 한다. 엄마와 아빠가 당신을 도울 수 있으면 다행이지만 그렇지 못한 사람은 그쪽 분야로는 갈 수 없게 된다. 무슨 말인가 하면, 그쪽 분야로 진출하는 사람들은 종종 상당한 특권층 출신이라는 뜻이다. 국회의원 보좌관들이 하층계급 출신인 경우는 많지 않다.

▪
미국 대학의 경우 한 학기당 교과서 비용이 최소 10만 원, 심지어 100만 원을 초과하는 경우가 드물지 않다.

정치 같은 분야에서는 돈을 조금 받는 것만이 문제가 아니다. 부가적으로 해야 하는 일이 많다는 것도 문제다. 예를 들면 국회가 열리지 않는 동안은 각종 교육 프로그램들이 계속 진행된다. 프로그램은 대부분 유료이고 워싱턴 D.C.에서 개최된다. 지금도 정치 쪽에서 일하는 내 친구들은 모두 그런 프로그램을 수료했다. 나는 아니었다. 멘토가 되어줄 사람을 위해 단기 저임금으로 일을 맡았던 내 친구들은 모두 지금도 정치 쪽에서 일하고 있다. 나는 그런 일들을 거절해야 했다. 제안을 많이 받지도 못했지만 말이다. 나는 그렇게 조금 받고서는 버틸 수 없었기 때문에 이력서를 보내는 수고조차 안 한 적이 많았다. 대체로, 나와 함께 시작했던 사람들은 그 일 말고는 아무것도 안 했고, 의무를 다하는 동안 재정적 충격을 감내할 수 있었기 때문에 내 위로 훌쩍 뛰어올랐고, 그 모습을 보며 나는 내가 사다리의 제일 아래 가로대에 영원히 발목 잡혔다는 사실을 깨달았다.

가난한 사람이 할 수 없는 것이 또 하나 있다. 바로 무급 인턴이다. 한 푼도 받지 않고 일하는 것이 내게는 그저 불가능한 일이었기 때문에 장기적으로 내 상황을 개선할 수 있는 제안을 여러 번 거절해야 했다. 무급 인턴직을 감당할 수 있는 사람들은 역시 집에서 도움을 받는 사람들이다. 내 주변에서는 누구나 먹고살기 위해서는 일을 해야 했다. 이것은 우리가 모든 잠재적 네트워크에서 단절돼 있음을 뜻한다. 내가 일과 관련한 인맥이 별로 없던 여러 이유 중 하나다. 인맥을 쌓을 기회가 전혀 없었던 것이다. 무급 인턴직, 또는 줘봤자 점심값 정도 주는 인턴직을 수락하는 것은 집세를 낼 필요가 없는 사람들의 몫이다.

나는 언제나 '눈앞에 주어진 것을 택해야 하는' 상황에 있었기 때문에 사람들이 자기 아래라고 간주하는 종류의 일을 했다. 그런데 사람들은 여전히 사회의 바닥에서 일하는 우리에게 왜 일터에 영혼을 갈아넣지 않는지 의아해한다. 반대로 나는 가난한 사람들이 사장에게 동등한 대접을 요구하면 안 된다고 생각하는 사람들이 이상하다. 우리에게 혜택을 주지 않는 이들에게 최소한의 의무보다 더한 헌신을 해야 한다고? 우리는 고용인의 이익을 염두에 두어야 하지만 그들은 우리의 이익을 염두에 둘 필요가 없고? 당신이 내 훈련비나 임금에는 최소한만을 투자하면서, 내 의료보험비를 대지 않기 위해 내 생존에 필요한 최소 노동시간은 절대 주지 않으면서, 그리고 내가 내 분수를 잊지 않도록 기회가 있을 때마다 나를 최대한 불편하게 하면서 어떻게 당신은 내가 당신의 이윤 증대에 신경 쓰기를 기대할 수 있는 것인가.

기억하자. 준 만큼 받는 법이다.

03

닭을 잡아
치료비를 내는
시대는 끝났다

'참기 어려울 정도로 고통스러운'이란 뜻의 단어 'excruciating'
은 사전적 정의를 '신경이 겉으로 드러난'이라고 다시 정하는
것이 마땅하다. 술을 자주 마시는 편이 아닌 내가 보드카 한 병
을 하룻밤에 다 해치운 적이 있었다. 적어도 여섯 잔은 들이켰
을 때야 비로소 고통의 감각이 축복의 무감각으로 변하기 시작
했다.

　빈곤 상태로 계속 추락하던 몇 년 사이에 응급처치가 아니
면 진료는 일절 불가능하다는 걸 알게 되었다. 나는 필요할 때
마다 의사에게 갈 수 있던 가정에서 성장했다. 아빠가 회사에서
보험혜택을 받았다. 어렸을 때 나는 그게 당연하다고 생각했다.
그래서 어른이 되었을 때 보험혜택을 받을 수 없다는 것이 무슨
의미인지 이해하는 데 시간이 좀 걸렸다. 예전과는 달리 일반
적인 직장에서는 더 이상 의료보험을 기본적으로 제공하지 않

으며, 병원 원무과는 당신이 자기네 병원의 값비싼 침대 시트를 더럽히기보다는 차라리 길거리에서 죽는 것이 낫다고 여긴다 (시트가 비싸기는 하다. 진통제인 타이레놀도 비싸다. 이 주제에 대해서는 책이 여러 권 나왔을 정도라 내가 두세 단락의 글로써 제대로 얘기할 수는 없지만, 인명을 구하는 약을 제 값보다 세 배를 매긴 값에 판다는 것을 우리가 모를 거라고 생각하지 않기를 바란다. 우리는 부자들처럼 좋은 가격을 협상할 능력이 없기 때문에 그런 취급을 당한다).

일반적으로 건강과 가난은 양립할 수 없다. 신체적인 문제점은 누구나 가지고 있지만 부자는 그러한 문제점이 걷잡을 수 없게 되기 전에 손을 쓸 수 있다. 가난한 사람은 그런 호사를 누릴 수 없다. 예방진료를 받을 수 있고 비타민과 헬스장 회원권을 살 수 있는 부자들이 가난한 우리를 그들 아래로 보는 것, 마치 우리가 자기 몸을 어떻게 돌봐야 하는지 전혀 모르는 사람들인 양 생각하는 것은 우리 가난한 사람들 입장에서는 상당히 분노가 치미는 일이다. 우리는 안다. 다 알고 있다. 그저 돈이 없을 뿐이다.

우리에게 가장 부족한 것 중 하나가 치아관리다. 치아는 우리의 빈곤 상태를 가장 적나라하게 드러내는 표지이기도 하다. 치아 미백제 광고를 보면 몸서리가 쳐진다. 치아가 부실한 내게 정확히 어떤 꼬리말이 붙는지 상기시켜주기 때문이다. 무능하고 교육받지 못한, 주변사람들은 안중에 없는 사람. 하지만 내겐 이런 꼬리표가 붙어야 마땅하다. 보험이 없고, 최근까지는 보험에서 받아주지도 않은 사람.

구강외과 시술을 한 번 받은 적이 있다. 내가 앞니만큼은 가질 수 있도록 다섯 개의 치아를 뽑고 부분 의치를 만들어 넣었다. 스물여섯 살 무렵이었던 것 같다. 나는 아주 큰마음을 먹고 치과 예약을 했다. 치과 의자에 앉자마자 45분 길이의 설교가 시작되었다. 이제껏 살면서 들은 것 중 가장 기분 잡치는, 편견에 찬 비판으로 가득한 설교였다. 치과의사라는 여자는 내가 필로폰 중독자라고 판단했다(확실히 해두고 싶은 게 있다. 나는 필로폰을 한 적이 결코 없다. 물론 다른 건 해봤지만 필로폰은 아니다. 나는 실패를 너무 많이 했고 자주 나약해졌기 때문에, 마약 등을 멀리할 수 있었다는 사실이 더 자랑스럽다. 같은 이유로, 내가 '하지도 않은' 짓 때문에 잘못된 비난을 받는 것은 두 배로 불쾌하다).

내게 필로폰 중독자가 겪는 증상이나 표지가 전혀 없었다는 점은 뭐 그러려니 하자. 피부가 그리 좋은 상태는 아니었지만 필로폰 중독자에게 흔히 나타나는 끔찍하게 어마어마한 염증들은 없었다. 당시 얼굴은 매우 홀쭉한 상태였지만 해골바가지 같지는 않았다. 때때로는 활기가 넘쳤지만 옆 사람을 기겁하게 할 정도로 들뜬 적은 결코 없었다. 간단히 말하면, 내 치아 상태가 나쁘다고 해서 나를 필로폰 중독자로 간주하는 것은, 마치 내가 속독을 한다고 해서 천재라고 생각하는 것만큼 말도 안 되는 일이었다.

나의 설명에는 아랑곳없이 치과의사는 제멋대로 판단을 내렸다. 자기 치과에서는 내 치아 색에 맞출 수 있을 만큼 변색된 의치를 만들지 않는다든가, 오른쪽에 해넣을 의치가 하얗고 반짝거리기 때문에 내 다른 치아가 얼마나 꺼먼지 사람들에게 다

보일 테니 알아서 적응하라든가 따위의 말을 일부러 꼭 집어서 말했다. 그녀가 내 입속을 금속 기구로 휘저으면서 이런 말을 하니 일부러 치아의 아픈 부분을 건드리고 있는 게 아닐까 의심하지 않을 수 없었다. 어느 순간에는 분명히 진짜 의학적인 조언도 했겠지만, 더는 귀를 기울이지 않았다. 대신 나는 제거되어야 하는 뼛조각을 의사가 실제로 모두 빼낼 것인지 아니면 그대로 두고 내가 계속 문제를 겪게 할 것인지를 궁금해하고 있었다. 얼마나 많은 사람들이 이런 멍청한 짓거리를 또 하기 위해 치과로 다시 오는지도 궁금했다.

이렇게 나는 구강외과 시술을 받고 앞니 쪽에 의치를 넣은 뒤 다시는 치과에 가지 않았다. 나를 나약하다고, 겁쟁이라고 불러도 좋다. 맞는 말이니까. 하지만 내게도 차마 버릴 수 없는 존엄성이라는 게 쥐꼬리만큼이나마 있다. 일부러 그런 일을 다시 당하지는 않을 것이다.

이것이 내가 치과의사들을 싫어하는 이유다. 그때 그 의자에 앉아 있을 때만큼 내가 인정사정없이 공격받는 연약한 존재처럼, 형편없는 쓰레기처럼 느껴진 적이 없다. 인터넷상에서라면, 필로폰 중독자라고 부르는 사람들을 멍청이로 치부하며 나 자신을 위로할 수 있다. 온라인에서 낯선 사람을 모욕하는 일 외엔 다른 할 짓이 없는 사람들이니 멍청이가 확실하다. 하지만 치과의사가 손에 드릴을 들고 그따위 짓을 할 때는 이 사람이 혹 연쇄살인마는 아닐까 걱정하지 않을 수가 없다. 다시는 안 한다. 해볼 생각조차 안 할 거다. 게다가 나 같은 사람에게 할부로 치료해줄 치과의사가 엄청 많은 것도 아니다. 환자에게 친절한 의사를 발견할 때까지 돌아다닐 수도 없다.

그때 해넣은 의치는 2년 정도 버티다가 망가졌다. 햄버거를 먹으려고 할 때 부러져서 입천장에 고정해놓았던 판이 밖으로 보이는 치아 부분과 떨어져버렸다. 강력순간접착제로 붙여서 한동안 사용했지만 부러진 부분이 닳아서 입에 잘 맞지 않게 되었다. 이제 나는 약을 넉넉히 사용하고 다른 사람 앞에서는 절대 무언가를 먹으려고 하지 않는다.

이렇듯 내 경험은 상당히 끔찍했다. 더 화가 나는 건, 내 치아 상태가 내 잘못에서 비롯된 결과가 아니라는 사실이다. 내가 고통을 겪고 있는 것 중 하늘에 맹세코 내 잘못이 아닌 게 몇 가지 있는데 치아가 그중 하나다. 치아가 망가진 것은 거의 10년 전에 당한 교통사고 때문이다. 사고에 연루된 다른 차의 운전자는 술과 마약에 한껏 절어 있었고 그런 짓을 너무나 많이 한 탓에 면허가 박탈된 상태였다. 누가 잘못인지는 의문의 여지가 없었다.

나는 도심에서 운전하는 것을 너무 싫어해서 가능하면 다른 사람들에게 운전대를 잡는 영광을 허용하는 편이다. 그날도 나는 조수석에 타고 있었다. 내 턱이 대시보드에 너무나 세게 부딪히는 바람에 에어백이 터졌다. 시간이 지날수록 내 턱 또한 에어백과 함께 완전히 터졌다는 게 분명해졌다.

당연히 자동차보험이 있었지만, 기본적으로 요구되는 책임보험과 무보험차 상해보험(이것 때문에 한 달에 5달러를 더 낸 것이 얼마나 다행이었는지)에도 가입했었다. 나는 출근하려면 차가 필요했다. 그래서 보험사가 보상 합의금을 제시했을 때 두 번 생각하지도 않고 합의서의 권리포기란에 서명을 했다(나중에 알고 보니 미래에 발생할 손해에 대해서 내 권리를 포기한다는

뜻이었다). 나는 돈을 받아서 차를 샀다. 그 돈이 보상의 끝이라
는 것, 즉 상대 운전자가 '나'에게 초래한 피해에 대처할 돈은
없다는 사실을 미처 깨닫지 못했다. 보험사가 두 가지 청구를
분류해서 처리하는 거라고 막연히 생각했다. 큰 액수의 보험 청
구를 해본 적이 없었기 때문에 내가 무엇을 하고 있는 건지 전
혀 몰랐다.

　입안 가득 치아는 망가졌는데 그걸 고칠 자원은 없는 상태
에 빠진 전말은 이러하다. 설사 권리포기란에 서명한다는 것의
의미를 알았더라도 내가 다른 결정을 내렸을지는 솔직히 잘 모
르겠다. 치아와 자동차 중 하나를 고르라면 나는 자동차를 선택
해야 했다. 치아는 나빠도 살 수 있지만 출퇴근할 차가 없으면
굶주리고 아파트에서 쫓겨날 것이었다. 내가 거의 10년이나 치
과에 가지 못하게 될 것임을 내다볼 혜안은 없었을 것이다.

　그래서 나는 차를 샀고(그런데 나중에 이 차가 또 형편없는
쓰레기가 되었는데, 실제로 쓰레기였기 때문이다), 계속 일을 했
고, 내 치아는 몇 해가 흐르는 동안 계속 썩어갔다. 나는 꼬박
꼬박 이를 닦고 치실을 사용하고 입안을 철저하게 헹궜다. 그
에 아랑곳없이 충치는 늘어만 갔다. 워터픽을 샀다. TV 시청자
들을 겨냥해 선전하는, 입안을 깨끗이 해준다는 도구들을 샀다.
다 소용없었다.

　내 얘기가 알려진 후 나는 내 치아에 대해서 드러내놓고 얘
기하게 되었다. 하지만 씨발, 도저히 못 견디겠으니 다 말해버
리겠다며 치아 건강 문제가 내게 미친 영향을 인터넷에 대놓고
까발릴 때까지는 숨겼다. 난 몇 년에 걸쳐 입을 닫고 이야기하
는 법을, 사람들 앞에서 먹는 것을 피할 수 없을 땐 그저 먹는

척하는 법을 익혔다. 입속이 아플 때도 다른 사람에게 알린 적이 거의 없다. 이제는 알리지 않을 도리가 없긴 하지만, 내가 이마저도 실패했음을, 나 자신의 뼈와 치아법랑질을 온전히 지키는 것에 실패했음을 인지하는 것처럼 부끄러운 일은 없다. 부러진 의치로는 제대로 먹을 수가 없어서 나는 사람들 앞에서 무엇을 먹어야 할 때만큼 괴로울 때가 없다. 그래서 밤에 혼자 먹는다. 음식을 야금야금 긁어낸 후 위장이 더는 기다릴 수 없다고 애걸하는 그 순간, 씹지도 않고 바로 꿀떡 삼켜버린다. 내게 무엇을 먹는다는 것은 더 이상 기쁨이 아니다. 음식은 필요악이며, 살아 있기 위해 섭취는 하지만 맛이나 질감 따위는 없는 그런 것이다. 나는 많이 먹지 않는다.

나는 체중이 많이 줄었다. 사람들이 어떻게 살을 뺐느냐고 물을 때마다 어떻게 대답해야 할지 모르겠다. 그래서 20대를 넘어가면서 젖살이 빠지는 것뿐이라고 얘기한다. 치주질환을 제대로 앓아보라고 권할까 때때로 심각하게 생각하기도 한다 (허벅지살 빼는 데는 아주 그만이에요).

나는 미소 짓지 않는다. 내가 미소 짓고 있는 사진을 누군가가 찾아냈다. 2006년에 찍은 사진, 내 앞니와 사랑니가 부서져서 빠지기 전에 찍은 사진이었다. 내가 카메라를 보며 미소 지은 마지막 순간 중 하나다. 아니, 가장 마지막 순간이었는지도 모른다. 나는 더 이상 사람들에게 내 사진을 찍게 하지 않는다. 그냥 사진만 찍겠다는 사람은 이 세상에 없기 때문이다. 그들은 항상 당신이 미친 사람처럼 활짝 미소 짓기를 원한다. 당신이 웃을 때까지 압박하고 꼬셔보려고도 하고 모임의 단체 사진을 찍지 않고 기다리기까지 한다. 마침내 당신은 이런 사진이 남는 것을 원하지 않는다는, 원할 수 없다는 사실을 부끄러운 마음으로 인정하지 않을 수 없게 된다. 아니면 누가 봐도 악의 없는 요청에 화를 내는 멍청이가 되어야 한다. 그러면 사진을 안 찍어도 된다. 나는 사실 사진의 일부가 되는 것을 마다치 않으며, 친구들이나 내게 기념비적인 일을 기억할 수 있는 사진이 더 많다면 좋았을 거라고 생각하기도 한다. 하지만 거의 10년 동안 사진 공포증이 있으니 요청도 기대도 하지 말아달라고 사람들에게 부탁해왔다. 피할 수 없는 "스마일" 소리를 상대하고 싶지 않기 때문이다.

절대 미소를 짓지 않는 버릇은 내 인생에 실로 흥미로운 영향을 끼쳤다. 친구들과 함께 있을 때는 웃음을 억누를 수가 없다. 친구들은 속이 다 망가진 내 입을 보고도 아무렇지도 않은 안전한 사람들이다. 하지만 나를 모르는 사람들과 있을 때 내가 농담을 하면 반은 반응이 썰렁하다. 농담을 할 때 미소를 곁들이는 인간적인 행동을 내가 하지 않기 때문이다. 미소가 없으니 나의 건조한 농담이 흥미롭다기보다는 날카롭게 들리는 것이다. 그래서 나는 농담하는 것을 그만두게 되었다. 나의 생생한 유머 감각을 내 얼굴로는 제대로 표현할 수 없기 때문이다.

미소를 짓지 않는 버릇은 심지어 나의 로맨틱한 관계들까지 망친다. 남편은 당연한 이유로 내게 입을 맞추고 싶어한다. 나는 당연한 이유로 키스가 섹스를 방해하는 것 같다. 내게 망가진 치아가 있다는 사실이 일단 떠오른 후에는 무언가 매혹적인 건 아무것도 느껴지지 않는다.

치아는 내가 가장 혐오하는 집착의 대상이 되어버렸다. 나는 항상 나 자신에게 주둥이를 닥치고 있으라고 되뇐다(입을 다

물 줄 모르고 계속 떠드는 것이 내 인생에서는 문제였다는 점에서 나름의 부가적 혜택이 있다). 의치를 적절하게 끼워 맞춰 입술이 기묘하게 쑥 가라앉아 보이지 않도록 항상 조심하고 또 조심한다. 갈 데까지 가 거의 부서진 치아 두 개가 위 치열 오른편이라 나는 화장솜 같은 충전물을 이용하여 '무언가 부피가 있는 희끄무레한 것'의 기본적인 모양새를 유지한다. 드물게 사람들과 식사를 해야 한다면 항상 혀로 치아를 건드리며 치아가 음식을 씹을 정도로 버틸 수 있는지 시험해본다. 나는 잇몸이 걷잡을 수 없이 붓는 것을 막기 위해 예방 차원으로 이부프로펜을 미리 복용한다. 언제 부을지 예측할 수 없는데 일단 붓기 시작하면 엄청나게 고통스럽지는 않지만 그날의 생산성은 거의 날아가기 때문이다. 뺨에 얼음을 갖다대고 기도하는 것 외엔 할 수 있는 일이 별로 없다.

갑작스러운 통증을 겪게 되면 나는 응급치료소나 큰 병원 응급실에 갔다. 내가 무지할 때 얘기다. 응급치료소는 대체로 진통제를 주기를 꺼린다. 아무리 생각해도 자신들한테 오는 환자를 중독자거나 마약상으로 간주하는 것 같다. 응급실은 좀 다르다. 약물 이용자들이 방문하기에는 대기시간이 너무 길고 치료비가 많이 든다고 생각하는 모양인지 그들은 며칠은 직장에서 버틸 수 있을 정도로 강력한 진짜 약을 하루 이틀치 정도 지어준다. 실질적인 진료를 꾸준히 받기 위해서는 진짜 의사, 가정의가 필요하지만, 고통스러울 때 의사를 찾아내서 예약할 시간 따위는 난 없다.

"그럼 말이죠, 왜 무료 치과진료소에 가지 않은 거죠? 여러 군데 있잖아요"라는 질문을 받는다. 글쎄, 왜 안 갈까? 왜냐하면 무료 치과진료소들이 문을 활짝 열어놓고 나를 기다리고 있지는 않기 때문이다. 누구에게라도 좀 도움을 받고 싶어 무료 진료 프로그램을 검색해본 적이 있는데 때때로는 일자리가 있다는 이유만으로 나는 자격 기준에 비해 너무나 부자였다. 때때로는 내가 사는 지역이 문제였다. 무료 진료를 지원하는 기금의 조건상 옆 동네 거주민만이 진료 대상이었다. 몇 번은 직장에서 일찍 떠날 수가 없어서 무료 치과진료소를 여러 번 방문하는 것은 고사하고, 시간에 맞춰 가는 것조차 불가능했다. 심각한 시술은 하지 않으며 오로지 기본적인 스케일링과 충치 치료만(이 시점에서 나에게는 전혀 적합하지 않은 서비스) 한다는 말을 들은 적도 두 번 있었다. 그래서 나는 언젠가는 치과보험을 가질 수 있겠지 희망하며 그냥저냥 살았다. 몇 년 동안은 치아가 없는 역겨운 무리에 끼게 될 가능성이 높다는 사실을 직면하거나 언급하기를 거부하며 살았다. 아마도 서른다섯 살쯤엔 그렇게 되겠지.

합리적 사고가 의료 서비스에 적용되는 경우는 어차피 거의 없다. 대체로 의료란, 적어도 내게는 별다른 것이 아니다. 내가 정말로 더는, 단 1초도 더 치료를 미룰 수 없는 상황에 몰렸을 때 내 주변에 이용 가능한 것들을 다 긁어모으면 그것이 내가 아는 의료다. 다른 사람들은 모르겠지만 내게는 그 정도에 지나지 않는다. 또한 의료 서비스와 접촉할 일이 있을 때마다 나는 더욱 피하고 싶은 심정을 느끼게 될 따름이다. 응급실을 방문하면 보통 몇 시간씩 기다린 후에 고작 진통제인 이부프로펜 몇 알 받는 것으로 끝난다. 그리고 그 몇 알의 이부프로펜을 얻기 위해 기다리는 내내, 병원비는 과연 얼마나 될지, 내가 여기 있으면서 계속 기다려야 할지, 아니면 집에 가서 모든 것이 그저 잘되기만을 바라야 할지 궁리하게 된다.

나는 멍청하지 않다. 멍청할 때도 있지만, 보통은 꽤 영리하다. 대학 수준의 독서를 할 수 있고 충분한 시간과 연습장이 있다면 복잡한 수학 문제를 풀 수도 있다. 하지만 나는 진료받을 곳을 찾는 데는 곤란을 겪었다.

아니, 표현을 고치자. 나는 '괜찮은' 진료를 받을 곳을 찾는 데 곤란을 겪었다. 맏딸을 가졌을 때 산전관리를 받지 못한 이유도 그래서였다. 임신 사실을 알게 된 10월 어느 날은 내가 맡았던 마지막 선거가 있기 며칠 전이었다. 임신한 것 같다는 짐작은 이미 했다. 그래서 마트에 가서 임신테스트기를 일곱 개나 샀고 쉬를 해보았고 일곱 개 전부 임신이라는 판정이 나왔다. 하지만 나는 결과를 차마 믿을 수가 없었다. 내가 임신할 가능성은 거의 없다는 말을 너무나 자주 들었기 때문이다. 나는 마트에서 산 임신테스트기는 모두 결함이 있을 것이라 믿고 가까운 가족계획연맹 지부에 가서 혈액검사를 요청했다. 하지만 간호사는 내가 혼자 한 테스트에 대해 다 듣고 껄껄 웃더니 바로 초음파검사를 했다. 아니나 다를까, 3초 안에 그녀는 내가 이미 임신 6주차라고 말했다.

나는 처음엔 임신에 대해 깊게 생각하지 않았다. 일단 마쳐야 할 일이 있었고 그 후에 무엇을 할지는 그때 가서 결정할 일이었다. 선거가 끝나면 몇 주 동안은 실직 상태로 지낼 것이고 그때 산전관리나 아이 물건을 산다거나 하는 사안을 정리하면 된

79

다고 생각했다. 임신 때문에 남편은 학교에 다니기로 결정했다. 그는 이라크에서 돌아온 이후 학교에 가는 것을 계속 생각하던 차였고 군 복무자로서 보장된 수입을 청구하기에는 아주 좋은 시점이다 싶었다. GI 빌Bill이라 불리는 일종의 퇴역 군인 연금을 받으면 학비와 함께 생활비도 나온다. 조심해서 쓰기만 한다면 그 돈으로 생활비를 모두 감당할 수 있다. 다시 일을 할 때까지 나는 집에서 아이를 키울 수 있고, 남편이 졸업할 때까지는 재정적으로 괜찮게 살 수 있었다. 메디케이드Medicaid■ 수급이 불가능할 정도로 지원 금액이 많지는 않기 때문에 출산 관련 비용도 충당할 수 있을 것 같았다.

그러나 계획대로 일이 수월하게 진행되지는 않았다. 메디케이드 수급자로 판명을 받은 후 나는 산부인과를 찾기 시작했지만 메디케이드 수급자인 환자를 새로 받는 의사들은 많지 않았다■■. 가족계획연맹 지부에서는 산전관리는 제공하지 않는다. 나는 "메디케이드 환자를 받으니 **지금 바로** 등록하세요"라고 쓰인 광고전단을 통해 의사를 찾아냈다. 첫 진료를 받으려고 대기실에서 기다리다 나는 그곳이 종교단체가 운영하는 곳임을

■ 소위 오바마케어(Obama Care)라 불리는 '전국민 의료보험'을 표방한 버락 오바마(Barack Obama) 대통령의 의료보험 개혁 전, 미국에는 전국민을 위한 공공의료보험제도가 존재하지 않았지만, 메디케이드와 메디케어(Medicare), 어린이건강보험(Children's Health Insurance Program)으로 대표되는 제한적 공공의료보험제도가 있었다. 메디케이드는 저소득층에게 진료혜택을 제공하는 공공의료보험제도로, 연방 정부와 주 정부 모두가 재정을 지원하며, 주에 따라 수급자격과 보장 내용이 다르다. 메디케어는 연방 정부에 의해 운영되는, 65세 이상 노년 및 장애인을 위한 공공의료보험제도다. 이 책에서 다뤄지는 린다 티라도의 이야기는 오바마케어 시행 이전의 이야기이다.
■■ 환자가 공공 또는 사설 의료보험이나 저소득자보험 등의 보조 혜택을 이용하는 경우 신입 환자 등록을 받지 않는 미국 의사들이 많다.

알았다. 교회가 사목하는 곳이었다.

보통 나는 예수를 믿는 사람들이 가난한 사람들을 돌보는 것을 좋게 생각한다. 그건 그들의 지령 같은 것일 테고, 진짜 솔직히 말하건대 내 아이가 배 속에서 제대로 자라도록 도와줄 의향이 있는 사람이라면 그의 종교적 믿음에 대해서는 상관하지 않는다. 하지만 '알고 보니 교회가 운영하는 자선단체'와 '교회 자선단체'는 다르다. 내가 간 진료소는 후자였다. 둘의 차이는 크다. 서비스를 제공하기 위한 목적으로 교회가 세운 사목 단체가 있는 반면 일부 단체의 경우는 개종이 주목적이며 서비스의 제공은 부차적인 일인 것이다.

진료소에 들어서자 곧 사무실로 안내받았다. 그곳에서 나는 기본 서류를 작성했고 '예수님이 왜 찬양받아야 하는지'에 관한 이유를 전부 배웠다. 서류 작성을 도와주던 여자가 내내 읊어댔기 때문이다. "제 연필이 부러지지 않았네요. 감사합니다, 예수님! 날씨가 괜찮군요. 감사합니다, 예수님!" 그녀가 설명해주는 서류에 무슨 내용이 있었는지 솔직히 모른다. 나는 서류 세 장을 채우는 내내 예수를 찬양한 그녀에게 너무나 홀딱 빠져 있었다.

서류 작성이 끝난 후 검진실로 인도되었다. 그곳에서는 상냥한 젊은 여자가 내 혈압을 재며 다니는 교회가 있느냐고 물었다. 그녀 다음에는 간호사 한 명이 와서 예수님이 내 아이를 위해 좋은 계획을 예비하셨으므로 내가 아이를 갖기로 한 결정을 축하드리겠다고 했다. 나는 초음파검사를 한 번 더 받을 수 있겠는지 물었다. 내가 겪고 있는 호르몬 이상 작용과 갑작스러운 임신 능력에 완전히 어안이 벙벙해져 태아가 제대로 생존할 수 있을지 두려웠고 아이를 가진다 해도 결국엔 잃게 되는 결과가 올까봐 너무나 겁이 났다. 하지만 그들은 임신부에게 특별한 문제가 없으면 초음파검사는 임신 제3분기에만 실시한다고 했다.

그것이 내 첫 방문의 끝이었다. 안심시키는 사람도 없었고 진짜 의료 상담도 없었으며 진짜 검진도 없었다. 그저 일상적인 검진 몇 가지와 내가 이 아기를 갖는 걸 예수님이 원하신다는 뚜렷한 메시지뿐이었다. 나는 예수께서 내가 초음파검사를 받는 것도 원하신다고 확신했고 그들의 베푸는 종류의 도움 없이도 관리할 수 있다는 생각이 강하게 들어 다시는 그곳에 가지 않았다. 그들은 귀가하는 내게 물을 많이 마시고 뜨거운 욕조에 들어가지 말라는 말을 친절하고 일목요연하게 정리한 종이를 한 장 주었다. 그 정도가 그들이 할 수 있는 권고의 전부인 곳에 다시 갈 이유는 없는 것 같았다.

다른 진료소를 두어 번 더 찾아보려고 하기는 했다. 하지만 자리가 있는 곳은 메디케이드 수급자를 받지 않든가, 메디케이드 수급자를 받는 곳은 자리가 꽉 차 있었다. 그래서 나는 대신 책을 많이 읽었고 아이를 가진 예전 친구들 모두에게 전화를 걸었으며 내가 겪는 징후가 정상인지 아니면 응급실에 가야 하는 일인지 알아내기 위해 강박적으로 인터넷 검색을 하곤 했다. 심지어는 딸아이가 마침내 세상에 나오려고 했을 때도 나는 검색을 했다.

대도시에 있는 병원이라면 임신한 여성이 아이를 낳으러 불쑥 찾아오는 것에 익숙할 것이다. 하지만 대부분의 임신부가 자기 의사를 따로 두고 있는 모양이었다. 병원 측에서는 내 의사가 누구인지 알려고 했고 나는 그날 밤 당직이 바로 내 의사임이 확실하다고 대꾸했다.

사실 나는 출산 과정을 거의 기억하지 못한다. 나는 이 병실 저 병실로 옮겨 다녔고 무슨 일이 벌어지고 있는지 상관하기에는 진통을 겪느라 너무 바빴다. 톰이 서류 작성을 했다. 우리는 병원에 메디케이드 카드를 줬고 그것으로 할 일은 거의 끝이 났다. 그리고 나는 아기를 낳았다. 내 생각에는 병원 측에서 절차를 간소화해준 것 같다. 서류 작성이 다 되었건 아니건 아이는 곧 나올 듯했기에 그들은 내가 대기실이 아닌 출산실에서 아이를 낳는 게 낫다고 판단한 것이다. 대기실은 치우기가 상당히 힘들다.

출산 후 며칠 동안 사회복지사들이 많이 방문했다. 내가 작성한 그 많은 서류의 내용을 나는 잘 모른다. 그들은 아무 때나 나타났다. 내가 깨어 있으면 서류를 작성하게 했다. 자는 중이면 깨워서 서류를 작성하게 했다. 미리미리 계획을 세워 소득을 증명할 급여명세서 등을 준비해놓았어야 했지만 아기를 낳을 때 모르고 빈손으로 병원에 왔기 때문에(사회복지사는 좀 화가 났고) 급여명세서 등을 나중에 제출해야 했다.

나는 내가 제정신이 아니라는 말을 여러 번 들었다. 틀린 말은 아니다. 나는 '당신의 빌어먹을 문제가 뭔지 우린 당최 모르겠거든요'라는 증후군을 앓고 있다. 무슨 말인가 하면, 내가 너무나 갖가지 원인의 진단을 받아서 무엇이 진짜 문제인지 알기 불가능하단 뜻이다. 내가 힘겹게 산다는 것은 누가 봐도 뚜렷하다. 대부분의 사람에게 간단한 일이 내게는 거저 되지 않는다.

나는 사람들에게 고집을 굽히는 것이 힘들다. 나 자신한테도 못 굽힐 정도다. 나는 조심성이 없고 충동적이다. 나는 비이성적이며, 화를 쉽게 낼 때가 있는데 그런 때는 당신이 예상하는 것보다 더 자주 일어난다. 나는 우울증 비슷한 증상을 며칠에서 몇 달까지도 겪고 있는데, 주의를 전혀 기울이지 않으면 딱 3주 만에 인생 전체를 망칠 수 있다. 내가 고지서 우편물을 개봉할 힘이나 의욕을 불러일으킬 수 없다 해도 그들은 여전히 내가 납부금을 내길 원하기 때문이다. 때때로 나는 불면증에 시달리고 때때로는 침대에서 벗어날 수가 없다. 이런 일들이 내가 감당할 수 없을 만큼 악화되는 경우는 그리 많지 않지만, 가끔은 이런 일들을 처리하느라 다른 일을 할 시간이 별로 없기도 하다.

정신과 치료를 해야 하는 이들은 많지만 그에 맞춰 정신과 진료소가 땅에서 자라나지는 않는다. 가난하다는 것은 그 자체만으로 여러 정신질환의 악화 요인이 된다. 가난에서 오는 스트레스는 상당히 강하다. 당신이 이미 연약한 상태라면 스트레스는 정말로 아주 힘들 수 있다. 가난한 이를 위한 좋은 정신과 진료소 같은 것은 어디에도 존재하지 않는다는 식의 말은 하지 않겠다. 하지만 불면증과 무기력증과 우울증 등, 내가 고치고 싶어하는 그 부분만 진료할 의향이나 능력이 있는 정신건강 전문가를 만나본 적이 없다(이러한 문제 중 적어도 일부는 그때그때 상황에서 비롯되는 증상들이다. 이에 대해서는 4장에서 더 얘기하겠다).

내가 이러한 문제들을 치료받기 원했을 때 의료인들은 오로지 나의 분노에 관해서만 얘기하고 싶어했다. 그들은 내가 가지고 있는 운명론이나 신랄한 전망에 대해 얘기한다. 그런 것들이 내가 고쳐야 할 문제라고 본다. 내가 사는 세계에서 때때로 분노만이 이성적 반응이라는 게 개인적 생각이지만, 진료를 요청할 때는 내가 고치고 싶은 부분을 선택할 권리가 없다. 그들이 제공하는 치료에 동의하지 않으면 비협조적이란 딱지가 붙어 프로그램에서 쫓겨난다.

내가 정말 힘들게 살던 시절이 있었다. 너무 힘들어서 진료 상담을 받으러 갔을 때 그들은 매주 몇 시간씩 치료를 받아야 한다고 했다. 그것 외엔 방법이 없었다. 그렇지 않으면 치료 자체가 없다. 그래서 나는 후자를 선택했다. 객관적으로 말하자면 그때 나는 그런 소리를 들을 만한 상태에 있었다. 거의 붕괴 상태였다. 나는 일터에서 형편없었고, 길고 긴 시간을 일하면서도 완전히 망가지고 있었다. 남편은 남편대로 힘든 시간을 보내고 있었고 아이들은 아팠고 나는 '이게 다야. 이게 나의 삶이고 나는 이렇게 살다 죽을 거야'라는 진실을 깨달은 직후였다. 그저, 여러 나쁜 일들이 너무 자주 한꺼번에 일어나지 않기를 염원하는 것이 내가 바랄 수 있는 최선의 삶이었다. 그러니 그들은 내가 항상 위중한 상태에 빠져 있다고 생각했을 것이다.

나는 상담의와 좋은 관계를 형성하길 희망하며 진료소에 갔다. 그래서 나를 유능하고 비판 따위에 연연하지 않은 사람으로 만들어줄 약을, 감정적 참사를 막아서 가장 힘든 기간을 그저 어떻게든 견딜 수만 있게 해줄 약을 그가 처방해주면 좋겠다고 바랐다. 정말 심각하게 정신이 나간 것 같을 때도 대체로는 비이성적으로 반응하고 있다는 사실을 자각하고 있다. 내가 정신보건체계에서 원하는 것은 삶을 유지하기에 필요한 최소한의 지원 정도다. 하지만 바로 그것이 내가 결코 얻을 수 없던 것이었다.

내게 필요한 것은, 아마도 내 인생을 실제로 개선해줄 수 있는 것은, 바로 이런 사람이다. 내가 힘든 상황에 빠졌을 때 전화를 걸 수 있는 사람. 진료시간은 짧게, 진료횟수는 많이 정하여 나를 관리해줄 수 있는 사람. 그리고 내가 괜찮을 때는 안 보아도 되는 사람. 나의 이력을 잘 아는 사람. 그래서 내가 난데없이 전화를 걸어 나를 잠들게 해달라고, 공황에 빠지는 것을 막아달라고 요청할 때 두말 않고 응해줄 그런 사람. 내게 필요한 사람은 나와 오랫동안 알고 지내 내가 약을 그리 좋아하지 않는다는 사실도 잘 알고 있어서 내가 약을 원할 때는 심각한 상황임을 알아챌 수 있는 그런 사람이다. 정리하자면, 나는 고액보험을 가진 많은 이들이 정신건강을 위해 당연하게 여기는 그런 종류의 지원이 필요하다.

내가 의사를 방문할 배짱이 있을 때는 막상 접근할 방법이 없었고, 접근이 가능할 때는 배짱이 없었다. 최근까지 나는 의사가 내 건강에 큰 문제가 있다고 찾아낼까봐, 그래서 내가 보험을 전혀 들 수 없게 될까봐 죽도록 두려웠다. 그런 이유로 나는 증상이 뚜렷하고 소소한 것, 예를 들면 호된 독감에 걸리거나 발목이 부러졌을지도 모르는 경우가 아니면 응급실에 절대 가지 않았다.

정말 솔직해져볼까? 나는 내가 어떻게 보일지가 너무 두려웠다. 내가 설교를 가장 많이 듣고, 섣부른 판단의 대상이 되고, 사람들의 시선을 받게 되는 때는 의사의 진료실이나 사회복지사 옆에 있을 때다. 그들은 나를 엄청난 멍청이로 취급한다. 내가 가진 다소 심각한 문제를 스스로는 알아챌 능력이 없는 사람인 것처럼 말이다. 하지만 나는 문제가 심각해지기 전에는 손을 쓸 능력이 없는 것일 뿐이다.

　몸에 난 낭종 때문에 비판을 상당히 받은 적이 있다. 의사들은 내가 너무 무지해서 낭종을 눈치채지 못하고 크게 키운 것이라고 멋대로 가정했다. 하지만 진실은 이렇다. 내게는 보험이 없었고 낭종은 생명을 위협할 정도가 아니었다. 맹세하건대 나는 몇 년 동안 나 있던 낭종의 존재를 알고 있었다. 그게 얼마나 지저분한 것인지는 직접 찾아보라. 정확한 명칭은 모소낭이다. 내 생각엔 10대 때 입은 꼬리뼈 부상에서 기인한 것 같다. 1년에 두세 번 엉덩이가 부어올랐고 며칠 동안 썩은 시체 냄새가 났다. 염증 부위에 자극을 가하지 않고서는 앉지도 서지도 못한다는 고통스러운 사실은 말할 필요도 없으리라. 만딸이 태어나고 메디케이드 혜택이 3개월 남짓 남았을 때야 낭종을 절제할 수 있었다. 그전에는 낭종 때문에 응급실에 두 번 이상 가야 했고 그때마다 간단하게 고칠 수 있으니 조치를 취해야 할 것이라는 말을 들었다. 아이를 달래는 듯한 어조로 말이다. 그리고 그때마다 내가 감당할 수 있는 금액으로 수술해줄 의향이 있느냐고 물었다. 나의 제안을 받아들인 의사는 한 명도 없었지만 적어도 수술 방법이 있다는 식의 설명을 들을 필요는 없게 되었다. 수술을 받을 수 없다는 이유만으로 마치 내가 수술에 대해 들어본 적도 없는 것 같은 대접은 이제 그만이었다.

　예방의학은 그야말로 기적이다. 치열교정의와 외과의와 안과의에게 갈 수 있고, 등을 삐끗하면 그 바람에 침대에 갇혀 쇠약해지지 않도록 재활시설에 갈 수 있다. 항생제와 진통제와 고혈압약을 복용할 수도 있다.

진지하게 말하지만, 시력관리 혜택 그 하나만으로도 충분히 기적이다. 부자들에게만 일어나는 기적. 나머지 인간들은 해당이 없다. 부자들은 20대에 눈을 찡그리며 뜰 필요가 없기 때문에 30대에 이마에 굵은 주름이 잡히지 않고 매일 이부프로펜을 고용량 복용해야 하는 두통을 겪지도 않는다(이부프로펜 약병에 보면 그런 식의 복용은 몸에 좋을 수가 없다고 한다). 부자들은 무언가가 시야에 들어오면 5초 후가 아니라 바로 그 순간 볼 수 있다. 안경과 먹을 만한 음식과 치열교정의 같은 것은 모두 돈이 필요하다.

미국에서는 좋은 건강에 가격이 매겨져 있다. 나는 그 가격을 낼 수 있었던 적이 거의 없다. 치료를 받음으로써 얻는 것의 비용이 많이 들 때 나는 치료 받기를 포기한다. 나의 비용편익분석은 액수로만 결정되지 않는다. 그 치료를 감정적으로, 재정적으로, 그리고 시간상으로 감당할 수 있는지 생각해야 한다. 스트레스를 줄이기만 한다면 괜찮아질 것이라고 말해준 정신과 의사가 한 명만은 아니었다. 맞는 말이지만 도움은 되지 않는다. 의사들은 잠을 잘 자고 잘 먹으라고 환자에게 말하는 것을 아주 좋아한다. 마치 그게 사람들이 쉽게 할 수 있는 일인 것처럼 말이다.

현재의 제도가 전혀 효과 없다는 말을 하려는 것이 아니다. 나는 생명을 구해준 치료를 받은 적도 있다. 목구멍이 지나치게 부어올랐을 때 그들은 튜브를 삽입하여 내가 숨을 쉴 수 있게 해주었다. 휠체어 혜택을 제공하는 프로그램 덕택에 집을 나설 수 있게 된 친구들도 있다. 많은 사람들의 필요를 충족시키기 위해 제도가 구축되었고 돈이 있는 한, 그 제도는 상당히 효

율적으로 기능한다.

　문제는 그 안전망에는 고래가 헤엄칠 수 있을 정도로 큰 구멍이 숭숭 나 있다는 점이다. 그것만으로는 도움이 필요한 사람을 모두 지원할 수는 없기 때문에 하다 만 치료와 모순되는 진단들이 엉망으로 뒤섞이는 결과가 초래된다. 우리에게는 기술력이 있다. 그걸 이제는 사용해도 되지 않을까? 항생제를 좀 얻을 수 있다면 기뻐서 눈물이라도 흘릴 사람이 우리 중에는 많다.

04

나는
화가 났다기보다
정말 피곤한 것뿐이다

복지수급을 받기 위해 줄 서 있는 것보다 굴욕적인 일은 별로 없다. 당신이 만나는 사람들은 당신이 돈을 얼마나 버는지 정확히 알고 있다. 수급자격이 되려면 얼마나 가난해야 하는지 아는 이들이기 때문이다. 그쪽 일을 담당하는 이들은 사랑스러운 성격이거나, 다시는 만나고 싶지 않을 최악의 인간이거나, 둘 중 하나다. 내가 새 일자리를 구했다는 걸 알고 어떻게 지내나 싶어 내게 전화를 한 담당자가 있던 반면, 나를 완전히 무시했던 담당자도 있었다. 그 담당자가 묻는 정보를 확인해줄 때만 빼고는 입도 한 번 벙긋하지 못하고 그저 책상에 조용히 앉아 있어야 했다. 그녀는 나를 한동안 무시하더니 갑자기 나보고 이제 됐다며 집에 가라고 했다. 나는 방금 무슨 일을 당한 것인지 어리둥절한 심정으로 자리를 떴다. 믿기 어려울 만큼 완벽하게 묵묵부답이던 그 면접 도중 큰 소리를 내기보다는, 다음 날 주 정

나는 최가 낳다기보다 정말 피곤한 것뿐이다

93

부에 전화를 걸어 그녀가 내 기록에 어떤 수정을 가했는지 묻기를 택했다.

내가 가장 가난하게 느껴질 때는 대부분 나를 돕는 것이 자기 일인 사람들과 함께 있을 때였다. 일은 거지 같고 그들이 과로한다는 것은 알겠지만, 나 또한 진상 민원인이 되지 않으려고 정말 애쓴다. 서류와 질문 목록을 미리 다 준비하고, 추천서와 급여명세서와 병원비 청구서 등 모든 것을 챙긴다. 주제별로 분류까지 깨끗이 해놓는다. 제출해야 할 서류를 준비 못 할 때는 무엇으로 대체할 수 있는지를 질문 목록에 미리 적어둔다. 하지만 이게 전혀 소용없을 때가 많다. 나는 가난해서 미국 시민에게 제공되는 혜택의 수급자격이 되어 그걸 신청하고 있는데 일부 사람들의 눈에 그런 내가 인간 이하로 보이기 때문이다.

내가 인간 이하처럼 느끼거나 실제 나 자신보다 형편없는 사람처럼 느끼는 경우는 아주 많다. 예를 들어, 나는 독서를 사랑한다. 강한 호기심을 타고난지라, 무엇을 알고 싶을 땐 불편한 질문도 별생각 없이 던지는 편이다. 하지만 이런 나도 최저임금이나 그에 준하는 임금을 받고 일할 때는 책을 읽지 않는다. 그러기엔 너무 피곤하다. 책장 위로 눈알을 굴리며 정보를 소화하는 노력조차 그저 너무 힘에 겨워서 잠들어버린다. 내게 남아 있는 그 알량한 에너지를 자기계발 같은 부질없는 것에 쓰도록 나의 뇌가 허락하지 않는다. 그저 내가 피곤해 기절할 때까지 멍하게 벽이나 깜박거리는 화면을 바라보기만을 원한다.

내가 피곤하다고 하면서도 동시에 노동시간 부족에 대해 불평불만을 늘어놓는 것은 이런 이유다. 가난해서 감당해야 하는 개 같은 일들의 전체적인 그림을 보고 있기 때문이다. 그건 무지막지하게 불편하다, 언제나.

내 인생에서 그저 최악이라고밖에 말할 수 없는 시절이 있었다. 자동차 없이 일자리를 두 탕 뛰고 있을 때였다. 당시 나는 한 일터에서는 3킬로미터 정도, 다른 일터에서는 5킬로미터 정도 떨어진 곳에 살고 있었다. 인간으로서 소화할 수 없는 거리는 아니다. 재미로 그 거리를 뛰는 사람들도 있다. 하지만 그 사람들은 다 뛴 다음엔 집에 가서 쉰다.

나는 아침에 일어나 오전 다섯 시쯤 일터로 걸어가 여섯 시부터 정오까지 식당 종업원 일을 했다. 한 시쯤이면 집에 도착했고, 처리해야 할 잡일이 없으면 그 자리에서 바로 뻗었다. 그리고는 오후 여섯 시에 일어나 샤워하고 바에서 일하기 위해 머리를 다듬고 5킬로미터를 걸어가 새벽 한두 시까지 바텐더로 일한 후, 동료에게 구걸하여 차를 얻어 타고 오거나 집으로 걸어왔다. 집에 도착하면 새벽 두세 시. 나는 잠시 쉬고, 쪽잠을 자고, 다시 똑같은 하루를 시작하곤 했다.

자, 이런 생활을 영원히 할 수 있는 사람은 없다. 그렇다 해도 내가 매일 그만큼의 노동시간을 할당받을 정도로 운이 좋았다면 그럭저럭 괜찮게 살았을 것이다. 문제는 이 두 곳 모두 주말이나 외식이 많은 날에만 일이 있었다는 점이었다. 그래서 각각 3일, 때때로는 4일 일하는 게 고작이었다. 결국 나는 주말에 고생하고 몸을 회복하느라 월요일을 소진하고 화요일은 더 좋은 일자리를 찾는 데 쓰고(지원서를 내러 몇 킬로미터씩 걸어다녀야 했다) 수요일은 집안일을 하는 데 썼으며, 목요일은 두 일자리 중 한 곳에서 추가 노동시간을 할당받아 일했다.

사실 내 통근시간은 도시 외곽에 사는 이들이 견디는 한두 시간의 통근시간과 그리 다르지 않았다. 차이가 있다면 나는 걸어야 했고 일터에서도 온종일 서 있어야 했다. 내가 운동할 필요성을 느껴본 적이 그다지 없는 것이 이런 이유다. 매일 여러 시간 동안 나는 좁은 저장실 안을 지나다니기 위해 무거운 것을 들고서 인간에게는 불가능한 자세로 몸을 구겨야 했다. 선 채로 같은 동작을 너무나 많이 반복한 덕에 치즈버거는 딱 20초 만에 조합할 수 있다. 토핑이 여러 개라는 전제하에 그렇고, 들어가는 게 간단하면 심지어 덜 걸린다. 소매점이나 공장에서 뛰어다니다보면 몇 킬로미터는 쉽게 채워진다.

이렇게 나는 일을 하거나 걸어서 출퇴근하며 매주 약 60시간을 보냈다. 남은 시간은 어떻게 썼느냐고? 내가 걸어다녔다는 점을 유념하자. 나는 그럭저럭 중심가라 할 만한 위치에 살았지만 식료품점이나 빨래방처럼 생활에 필요한 곳은 여전히 2~3킬로미터는 떨어져 있었다. 빨래는 주말에 두 번 했는데 내 옷가지로는 세 번이 아니라 두 번의 교대근무까지 버틸 수 있었기 때문이다. 그게 여섯 시간이었다. 장은 일주일에 한 번 봐서 네 시간이 걸렸다. 나는 잠도 잤는데 그 시간이 약 50시간이었다. 매주 동네에서 일자리를 찾는 데 약 여덟 시간을 썼고, 구인 게시판을 확인하러 구직 사무실에 일주일에 한 번 가면서 다섯 시간을 썼다. 목요일에 한 탕 뛰면 한 여섯 시간 정도. 많이 걷기 때문에 하루에 두 번 샤워를 하면서 내 몸을 씻고 말리는 데 일주일에 일곱 시간을 썼다. 이러면 이외의 다른 나머지 모든 것을 할 시간이 하루에 세 시간 남는다.

나는 언제나, 영원히, 소파에서 내려오기가 너무 싫었다. 마침내 몸을 일으켜 앉아도 내일 아침 제시간에 일어나려면 세 시간 후에는 정말 잠자리에 들어야 한다는 사실을 깨달았다. 하지만 설거지도 해야 했고, 변기도 닦아야 했고, 저녁밥을 만들어주겠다고 내가 약속한 사람도 있었다. 내가 빚을 졌던 사람들에게서 아프니 좀 도와달라는 부탁을 받았기 때문이다.

좀 사는 사람들은 느낄지도 모르겠다. 저임금 노동자들이 필요 이상으로는 조금도 더 빠르게 움직이고 싶어하지 않으며, 자유시간에 더 많은 일을 하고 싶어하지도 않는 것을 말이다. 그건 우리에게 있는 자원의 우선순위를 정하기 때문이다. 우리는 게으르지 않다. 그저 가능할 때 쉬는 시간을 비축할 뿐이다. 나는 온종일 계획을 세우고 걱정을 하고 난 후에 또다시 정신적인 활동을 한다는 것을 견딜 수가 없다. 내가 가진 자원을 100퍼센트 쓴다는 건 내게는 선택 가능한 방안이 아니다.

우리는 적자 상태로 하루를 시작한다. 개운하고 가뿐한 기분으로 잠에서 깨는 가난한 사람들은 거의 없다. 나는 아침에 통증을 느끼며 일어난다. 꽃가루가 날리는 철, 또는 장작을 지피는 계절이면 미칠 것 같은 두통과 함께 깨어난다. 두통은 없다 하더라도 오래전에 닳고 바람이 빠진 매트리스에서 하룻밤을 보낸 탓에 뻣뻣해진 등은 여전히 쑤신다. 입이 아프지 않은 날은 내 인생에 없다. 부러진 이에 닿는 혀는 얼얼하고 그렇다고 턱이 행복한 것도 아니다(내 몸 상태가 얼마나 안 좋은 것인지 제대로 알 수조차 없다는 점 또한 문제의 일부임을 나는 확실히 깨닫는다. 나의 평균적인 상태와 비교해볼 정상적인 '건강함'의 기준점이 내게는 없다).

가난한 사람만이 고통을 느낀다는 말을 하려는 것이 아니다. 여기서 핵심은 약이 있거나 의사의 관리하에 통증을 다스릴 수 있는 사람에게 삶이 조금 더 장밋빛이라는 것이다. 주사를 맞으면 알레르기가 덜 괴롭다. 내가 겪는 두통은 일부분 턱과 치아의 문제에서 비롯된다. 노화 과정은 그 자체로 거지 같은데 적절한 진료를 받을 만큼 돈이 충분하지 않다는 이유로 일상에서 노화가 촉진되는 것이 속상하다. 웃기는 일이지만 양질의 매트리스는 최적의 건강을 유지하는 데 기여하는 한 요인으로 작용할 수 있다.

하지만 가난한 사람들은 아무리 몸 상태가 개떡 같아도 병가를 낼 수 없고, 책상에 앉아 인터넷 검색을 하면서 시간을 때울 수 없다는 사실을 알고 오늘도 잠에서 깨어난다. 어떤 상황에서도 우리는 그 뭣 같은 일터에 가야만 한다. 고지서와 설거지 거리에 죄책감을 느끼지만 폴리에스테르 유니폼 셔츠를 입고 문밖으로 나가는 순간 그에 대해서는 깨끗이 잊는다. 실업자가 되어 주체할 수 없이 남아도는 시간을 어떻게 써야 할까 궁리하는 것보다는 나을 테니까.

가끔씩, 하루 종일 아무 의미 없이 우중충하기만 하다. 그렇지 않은 날은, 이미 상태가 별로인데 사람들이 미친 듯이 나를 더 못살게 군다. 나는 성질이 좀 있는 편이라 누군가가 내게 못되게 군다는 확신이 들면 입을 닫치고 있지 못한다. 잠에서 깬 지 불과 한 시간 만에 성질이 폭발한 적도 있다. 대체로는 종일 입을 다물고 있지만 그렇게 견디는 게 그저 불가능할 때가 때때로 있다. '성질폭발' 최단 기록을 세운 날의 상황은 이랬다. 전날 밤, 나는 퇴근해 집에 밤 열 시경 도착하여 열한 시쯤엔 완전히 뻗어 있었다. 평소보다 더 많은 시간을 일하고 있던 터라 잠이 이미 부족했다. 이튿날 새벽 다섯 시에 상사가 전화해서 출근해달라고 했다. 커피를 좀 마신 후 내 한심한 몸뚱이를 질질 끌고 문을 나서 일터에 도착하자 그는 출근하는 데 30분이나 걸렸다며 화를 냈다. 내가 전화로 "갈게요"라고 대답했을 때 그는 아마도 내가 그 당시 몰던 고물 자동차가 아닌, 순간이동장치를 이용한다고 생각한 모양이었다. 그의 기분이 좀 별로인가 보다 싶어 그저 대강 지나치려고 했다. 하지만 그는 도저히 나를 그냥 둘 수가 없었던지, 이런저런 것이 제대로 준비되어 있지 않다고 누군가가 불평을 할 때마다 내가 제시간에만 왔어도 괜찮았을 거라고 말을 했다.

나는 폭발했다. 그야말로 대폭발이었다. 훨훨 타오른 분노의 불길 속에서 그나마 타지 않고 내 기억에 남아 있는 것은 다음과 같다.

"당신, 내가 그렇게 끔찍한 직원이라고 생각했다면 왜 나를 부른 거야? 내가 어제 열네 시간 연속으로 일한 후에 고작 몇 시간 눈 붙인 게 다라는 걸 몰랐어? **대체 뭐가 문제야, 이 개자식아!**"

야외에서나 낼 법한 큰 목소리로 나는 그렇게 외쳤다. 손님들 앞에서. 그날 오후 나는 일자리를 찾으며 보냈다. 실직자가 되었기 때문이다.

가난하다는 것은, 영화에서 흔히 들을 수 있는 '긴장감 감도는' 바이올린 소리의 배경음악에 항상 쫓기는 것과 같다. 영화 〈록키 3*Rocky III*〉의 주제가인 〈호랑이의 눈*Eye of the Tiger* ▪〉을 연주하면서 한 남자를 따라다니는 광고를 아는가. 그거랑 비슷

▪
미국 밴드 서바이버(Survivor)가 부른 곡이다.

하다. 하지만 현실에서는 밴드가 눈에 보이지 않으며 히치콕 영화 〈사이코*Psycho*〉에서 샤워를 하던 여자 주인공이 습격을 당하는 장면에 흐르는 곡이 연주된다는 것이다. 괴롭힘을 당하는 것을 좋아하는 사람은 없겠지만 우리 중 많은 이들에게 괴롭힘은 잠에서 깨어날 때부터 밤에 침대에 무너질 때까지 사라지지 않는다. 결국에는 무언가 나쁜 일이 반드시 일어날 것임을 우리는 알고 있다. 과대망상이나 비관론이 아니다. 현실이다.

내 얘기가 세간에 퍼졌을 때 많은 이로부터 공격을 받았다. 그들은 내게 일주일 단위로 묵는 싸구려 모텔에 살면서 어떻게 감히 아이를 가질 생각을 한 건지 해명해보라고 다그쳤다. 그러니 말씀해드리겠다. 우리가 처음부터 임신을 그렇게 계획한 것은 아니었다. 기대와는 달리 재향군인관리국ᵛᴬ에서 생활비를 보조해주지 않는 바람에 우리는 싼 아파트를 구했다. 단기적으로는 괜찮았다. 여름의 폭풍우에 아파트가 침수되어 우리가 소유한 모든 것을 잃게 된 그날이 오기 전에는 말이다. 나는 임신 말기로 몹시 배가 부른 상태였다.

집주인이 비용을 들여 관리하지 않은 탓에 배수관이 막힌 것이 침수 원인이었다. 부근에 사는 가족이 없었던 우리는 피해를 파악하여 손을 볼 때까지 모텔에 머물러야 했다. 수리공과 연락이 되어 물 문제를 해결하겠다고 확약을 받기는 했다.

우리가 미처 깨닫지 못한 것은, 집주인이 내놓은 '해결'이란 사람을 불러 강력진공청소기로 물을 빨아들이고 사각선풍기 몇 개를 들여놓는 것이 전부였다는 점이었다. 30센티미터가 넘는 침수 피해의 해결이 말이다. 물은 콘크리트 벽 속으로 너무나 깊숙이 스며들어 우리가 며칠 후 집으로 돌아왔을 때 머리 위에서 곰팡이가 자라는 모습이 맨눈으로 보일 정도였다.

우리는 모텔비와 아파트 월세를 동시에 낼 여유가 없었다. 가능하면 유해하지 않은 곳으로 다른 아파트를 얻고자 집주인에게 전화를 했지만 돌아온 것은 아파트가 다 말랐기 때문에 문제가 없다는 대답이었다. 우리는 환경위생과와 언론에 전화를 했지만 누구도 그다지 관심을 보이지 않았다. 공정하게 말하자면, 환경위생과 남자는 우리가 처한 문제를 담당하고 있지 않았고 누가 담당인지 알지도 못했다. 하지만 그 남자 또한 우리가 그곳에 살아서는 안 된다는 점에는 동의했다. 특히 아기가 있는 상황에서는.

그래서 어떻게 결론이 났느냐고? 집주인은 명도소송을 냈다. 침수된 아파트의 월세를 우리가 내지 않았기 때문이다. 이때 울리기 시작하는 것이 바로 그 바이올린 음악이다. 여름 폭풍우라는, 별것도 아닌 것이 참사로 변할 수가 있다. 나는 이런 일을 겪으며 일이 너무 잘 풀리는 듯할 때는 뭔가가 일어나 나를 비참한 현실 속으로 되돌아오게 할 것이라 예상하는 사람이 되어버렸다.

저임금 노동자들 중에는 불퉁한 태도를 가진 사람이 넘친다. 우리가 어떤 인생을 사는지 생각해보면 놀라울 것이 없다. 그런데도 직원에게 가식 없는 유쾌한 태도를 요구하는 것이 합리적이라고 진심으로 생각하는 사장들이 많다. 도대체 난 이해할 수가 없다. 그들이 내놓는 액수의 임금으로는 직원들은 안달복달하며 살 수밖에 없다. 그런데 직원들이 그렇지 않은 척을 항상 하지는 못한다는 이유로 실망한다니 어이가 없다. 나 또한 주유소나 패스트푸드점이나 저가 마켓에 갔을 때 뚱해 있는 바보를 상대하고 싶지는 않다. 하지만 우리가 왜 모두, 예외 없이, 너무나 짜증 나서 다른 이들에게 도움이 되지 못하는지에 대해 시간을 들여 생각해보는 사람들은 없는 것 같다. 자, 보자. 직원들은 삶에서 행복하면 대체로 일터에서도 행복하다. 그 정도는 당신도 알 수 있으리라 생각한다. 천체물리학이 아니니까. 내 짐작이지만 엄청난 수의 가난한 사람들은 나처럼 우울증에 빠져 있다. 우울증을 꿰뚫을 수 있는 얼마 안 되는 감정 중 하나가 분노이다. 분노는 멍한 상태를 뚫고 들어올 수 있을 정도로 강력해서 나와 비슷한 많은 사람들이 분노를 계속 품고 있다. 우리는 그 감정을 소중히 여긴다. 분노라는 감정의 대체품은 지겨운 무념무상뿐이기 때문이다. 적어도 내게는 그렇다. 분노와 우울증은 서로에게 잘 어울리는 깜찍한 커플이다. 그렇지 않나.

우리는 기분이 어떻건 간에 일에 100퍼센트 전념하는 경우는 결코 없다. 왜냐하면 우리 뇌는 적어도 다음 중 하나, 때때로는 다음 상황 전부에 의해 점령되어 있기 때문이다. (1) 한 시간을 더 일하면 얼마나 더 벌 수 있을지 계산 중. (2) 손님이 별로 없어 집에 일찍 가란 소리를 들을까봐 걱정하며, 그러면 얼마의 손해를 보게 될지 계산 중. (3) 제시간에 퇴근을 허락받아 다른 일터에 가거나 아이를 데리러 갈 수 있을 가능성이 얼마나 되는지 속으로 계산 중. 그와 동시에 우리는 손님에게 조금 전 멍청이란 소리를 들은 후 무언가를 후려치고 싶은 충동을 억제하느라 어마어마한 에너지를 쓴다. 사람들은 서비스직 노동자를 모욕하는 데는 양심의 가책을 느끼지 않는다. 그러면서도 직원이 자신에게 상냥하게 대응하지 않는다는 생각이 들면 놀라운 속도로 불평을 한다.

우리의 일은 육체적으로 힘든 것만큼이나 감정적으로도 힘들다. 반면 정신적 기능은 우리의 일에는 결코 필요하지 않으며 그런 시도를 하는 것이 허용되지도 않는다. 그래서 우리는 살아남기 위해 좀비처럼 정신을 비우려고 한다. 가게의 정책이 멍청하고 비생산적이라 할지라도 그 정책 밖으로 벗어나는 것이 허용되지 않는다. 그 누구도 우리의 생각이나 의견, 우리가 기여할지도 모를 가능성에는 관심이 없다. 그들은 로봇을 원할 뿐이다.

우리의 생존기제가 고객들을 가장 화나게 하는 바로 그 요인이다. '뚱' 하거나 '무례'한 태도를 보이는 직원을 보면 상냥하게 대하려 노력해보라. 아마도 그 사람에게 당신은 몇 시간 만에 처음으로 상냥한 태도를 보인 사람일 것이다. 또는 직원이 머리를 써야 할 만한 질문을 던져보라. 누군가가 합리적인 이유로 내가 어떤 제품을 추천할지에 관심을 보일 때 나는 반짝 살아나곤 했다. 나는 진열대를 채울 때마다 제품의 포장 상자를 모두 열심히 보았기 때문에 제품에 관한 모든 것을 알고 있었다. 하지만 가격 외의 다른 것을 물어보는 사람은 거의 없었다.

우리가 비생산적인 태도를 보이도록 만드는 확실한 방법이 있다. 거만한 태도로 더 나은 서비스를 요구하면 된다. 우리는 더 나은 서비스를 제공할 것이다. 하지만 동시에 얼룩이 묻은 셔츠를 건네거나, 엄밀히 따지면 먹을 수는 있지만 맛이 최상은 아닌 고기를 내줄 것이다. 반드시 그렇게 한다. 당신이 단 한 푼도 더 내지는 않으면서 여전히 요구하는 그 더 나은 서비스를 제공하기 위해 똥을 먹는 심정으로 미소를 짓고 상냥한 인사를 건네며 우리는 그렇게 한다.

당신을 기꺼이 돕고 싶게 하려면 돕는 보람을 느끼게끔 상냥한 태도로 행동하면 된다. 당신이 저임금 노동자를 대면할 기회가 오면 그에게 걸어가 "귀찮게 해서 미안합니다. 다른 일로 바쁘신 것은 압니다만, 이러이러한 물건이 어디 있는지 여쭤봐도 될까요? 제가 사야 해서요"라고 말해보라. 내가 보장하건대, 일할 기분이 전혀 없는 사람에게서 좋은 서비스를 이끌어내는 정석이 바로 그것이다. 그가 할 일이 많다는 점을 존중해줘라. 임금을 짜게 주면서 노동시간 중 고객 서비스에 더해 엄청난 잡일을 요구하지 않는 사장은 이 세상에 없다. 당신의 20달러에 태생적으로 기뻐하며 넙죽 엎드릴 사람이 수백만 명 있다고 생각하지 말자. 인간은 그런 식으로 만들어지지 않았으며 특히 미국인은 절대 그렇지 않다. 우리 미국인은 고집스러운 자존감을 가진 존재여야 한다지 않는가.

신시내티에 살 때다. 딸아이가 소화시킬 수 있는 종류의 분유를 파는 가장 가까운 식료품점이 3킬로미터 정도 떨어져 있었다. 딸아이는 영아산통을 비정상적으로 심하게 겪으며 울어대는 편이어서 나는 시간이 날 때마다 아이를 데리고 도시 주변을 산책하곤 했다. 유모차의 잔잔한 떨림 덕분에 아이는 어마어마한 양의 방귀를 배출하고 나서 마침내 은혜롭게도 잠에 빠지는 것이었다. 나는 지금도 여기저기 걷는 것을 좋아한다. 내가 어디 있는지 아무도 모르고, 그래서 누구도 내게 무언가를 요구할 수 없고, 미납 고지서 때문에 전화가 오지도 않는다. 누가 나의 평화로운 시간을 방해하면 나는 폭발적으로 화를 낸다. 나 자신이 가볍고 자유롭게 느껴지는 그런 시간이 내게는 너무나 귀하기 때문이다.

나만의 시간이 별로 없으니 그 시간을 지키는 데 지독할 정도로 온갖 힘을 다한다. 대체로 나는 인간이 아닌 척하는 대가로, 일반 대중의 합리적이고 비합리적인 요구를 모두 들어주는 대가로 돈을 받는다. 그러니 내가 퇴근을 한 후에는 자기 엉덩이는 제발 스스로 닦자. 내가 퇴근해서 잠들지 않고 깨어 있으면서 일상의 잡다한 일을 하지 않는 시간은 거의 없고, 있어도 아주 가끔 찾아온다. 내가 결정권을 가지고 있는 유일한 시간인 그 소중한 시간을 당신의 감정이 어떨지 걱정하며 낭비할 생각이 전혀 없다. 당신에 대해 걱정하는 것은 내게는 돈을 받고 해야 하는 일이다. 나는 공짜로 일해주지 않는다. 내 10분의 자유시간마저 당신이 요구할 수는 없다. 그 시간은 나의 것, 내 가족의 것이다.

나는 미소를 지으라는 남자들의 말을 페미니즘의 입장에서는 별로 꺼리지 않는다. 여자들이 왜 그런 말을 기분 나빠하는지 알지만 나는 바에서 일했고 스트립 클럽에서도 일했으며 그래서 그 어떤 무엇도 상품화될 수 있다는 사실을 배웠다. 섹스도, 가짜 사랑도, 가식 존경도, 거짓 공감도 모두. "웃어요"라고 남자가 말하는 것은 이 시점에서 내게는 그저 대화를 여는 한 방식일 뿐이다. 그 남자가 독창적인 말은 하나도 할 게 없고 아마도 보잘것없는 놈일 것이라는 신호이기도 하다.

내가 꺼리는 것은 계급적 차원에서 내려지는 웃으라는 명령이다. 그럴 땐 "까불지 마, 이 자식아"라고 하고 싶다. 당신들 세상을 예쁘게 꾸며주는 게 내 빌어먹을 일이 아니다. 물론, 내 일이 되기를 원한다면 웃어준다. 5달러만 내라.

이런 반응을 보이는 것이 때때로는 미안하다. 나처럼 거지 같은 하루를 보낸 누군가에게도 내 격한 반응을 미처 참지 못할 때가 있다. 기저귀를 사러 마트에 갔을 때였다. 대체 귀신에 씌었는지 나는 기저귀를 찾을 수가 없었다. 마트 안을 샅샅이 뒤졌는데도 찾지 못했다. 기진맥진해서 완전히 쓰러질 것만 같은 찰나, 그곳에서 일하는 가난한 여자가 시야에 들어왔다. 정상적인 인간처럼 기저귀가 어디 있느냐고 묻는 것이 나의 의도였다. 대신 내 입에서 나온 말은 "당신네는 그 빌어먹을 기저귀를 대체 어디다 숨겨둔 거예요"였다. 그 말이 어떤 경로로 뇌에서 출발해 입에 도착한 건지 말해줄 수 없다. 때때로 그런 일은 그냥 일어나버린다. 그래서 내가 비참한 상태의 고객을 상대하는 입장일 때는 그 고객에게 정말 화를 내야 하는 건지 확신하기가 정말 어렵다. 그들 또한 예의를 지키고 싶었지만 그럴 기력이 전혀 없었던 것일 수도 있다. 일터에서 누군가가 계속 그들에게 일을 시키고, 시키고, 또 시켰기 때문에.

아마도 그것은, 앞에서 언급했듯이 내가 대부분을 우울한 상태로 보내기 때문일 수도 있다. 언제나 그러했고 앞으로도 영원히 그러할 것이다. 약을 먹을 수 있다면 우울해도 기분이 덜 상하지만, 진실은 내가 결코 그 상태를 벗어날 수 없다는 것이다. 때때로 나는 '침대에서 벗어나기 힘들어하는', 의학적 기준의 우울증에 빠진다. 그렇지 않을 때는 '간신히 생활을 이어가는' 낮은 단계의 우울증에 빠져 있다. 내가 참사가 일어날 것을 항상 예상하며 산다는 이유로 나더러 비관적이라 할 사람도 있을 것이다. 하지만 내 인생을 보면 그런 건 다 헛소리다. 내게 파멸이 오는 때? 그게 내가 현실이라고 부르는 것이다.

대체로 나는 우울한 기분을 무시한다. 나는 신랄한 종류의 유머 감각을 개발했고 모시핏moshpit▪이라는 배출구도 찾아냈다. 나는 격렬한 분노에 찬 음악을 듣는다. 그 정도로 해결이 안 되면 쓰레기 같은 음식과 옛날 재즈 음악으로 공허함을 달랜다. 그것으로도 해결이 안 되는데 돈이 있다면, 진료소에 가서 두어 주 정도 분량의 약을 타온다. 그것은 나를 환자로 받아줄 만한 곳들을 찾아내 모두 예약하고, 진료를 거부당할 가능성을 각오한 채 1~2주 분량의 항불안제를 처방해줄 사람을 만날 때까지 예약한 모든 곳에 모습을 드러내야 함을 뜻한다. 그렇게 해줄 사람을 찾지 못하면 한동안은 그저 정신이 나간 상태로 지낸다.

그런 경우 나는 하루 일과 중 옷을 입는 단계에서 벗어나지 못한다. 그저 옷을 쳐다보고만 있게 된다. 옷을 입으라고 자신에게 말을 하고 왜 옷을 입지 않느냐고 꾸짖기도 한다. 그러고는 옷을 입지 않으면 받게 될 온갖 징벌이 얼마나 합당한지에 관해 나 자신과 토론을 하느라 몇 시간을 허비한다. 내가 다시 현실로 돌아오면 해는 기울어 있고 행복하게도 다시 침대로 돌아갈 시간이 된다.

끔찍한 독감에 걸렸다고 상사를 이해시킬 때도 종종 있다. 때때로는 그저 출근하지 않는데, 그런 경우 일자리가 남아 있을

▪
록 콘서트 같은 공연이나 파티에서 사람들이 함께 모여 온몸을 휘두르고 서로를 밀어내며 난장판을 벌이는 집단 행위를 말한다.

확률은 반반 정도다. 일터에 일손이 얼마나 모자라느냐에 따라 결과가 달라진다. 애초에 실직 상태인 경우도 종종 있다.

모든 가난한 사람이 신체적 요인으로 인한 우울증에 빠져 있지는 않지만, 상황적인 요인으로 인한 우울증에 항상 빠져 있는 경우는 많다. 왜냐하면 우리의 인생이 우울하기 때문이다. 언뜻 단순하게 들리겠지만 나는 그것보다 그리 복잡한 상황은 아니라고 본다.

나 자신을 포함, 내가 아는 모든 가난한 사람을 떠올려볼 때, 내가 '넘치도록 항상 행복한' 사람이라고 할 만한 이는 단 한 명뿐이다. 멜리사라는 이름을 가진 그녀는 지칠 줄 모르는 것처럼 보였다. 퇴거 조치도, 전기가 끊기는 것도, 모욕을 당하는 것도, 그 무엇도 그녀를 바닥으로 끌어내리지 못했다. 그녀는 아주 안 좋은 상황에서도 한 줄기 빛 같은 존재가 되는 것이 좋다고 말하곤 했다. 내가 그녀와 알고 지낸 지 여섯 달 되었을 때 그녀의 아이가 문제에 휘말렸다. 학교 측은 어머니가 아들을 충분히 돌보지 않아 그런 일이 났다는 식으로 암시했고 마침내 그녀는 무너졌다. 끔찍한 두려움에 휩싸여 주위로부터 몸을 움츠린 채 강제로 말을 시키지 않는 한 입을 열지 않게 되었다. 자신의 세계에 존재하는 모든 잘못된 것들을 알아채기 시작했고 그것으로 끝이었다. 그녀는 우리 중 한 명이 되었다.

누군가가 희망을 잃는 모습을 지켜보는 것보다 괴로운 것은 없다. 나는 낙천적 성향이 아니지만, 기분이 좋은 척하는 것이 아닌, 진실로 삶에 대해 낙천적인 사람들을 보는 것은 언제나 좋아한다. 그런 이들은 전염성이 강해서 나같이 심술궂은 인간에게도 영향을 미친다. 그런 낙천성이 사그라지는 것을 보면 가슴이 찢어진다. 마치 별이 사라지는 모습을 보는 것 같다. 이보다 더 함축적이면서도 비극적인 묘사는 생각할 수가 없다.

가난한 이들이 겪어야 하는 불안정성에 대한 방패로서 내가 취하게 되는 태도, 아니 내가 습득한 태도가 항상 도움이 되는 것은 아니라는 것쯤 나도 알고 있다. 하지만 나는 마음대로 그 태도를 취했다가 버렸다가 할 수가 없다. 화장을 했다 지웠다 하는 것과는 다르다. 가난한 사람으로서 내가 갖는 태도는 나의 갑옷이다. 언제 들이닥칠지 모르는 참사로부터 나와 가족을 보호하기 위해 오랜 세월 동안 손톱을 세우고 싸웠기 때문인지 그 갑옷은 영구적으로 나의 일부분이 되어버렸다.

가난한 동네 한 곳을 골라 한번 거닐어보라. "보지"라는 말이 자주 들릴 것이다. 어떤 이들에게는 일상적인 용어일 따름이다. "내 좆이나 빨아." 친구들에게 경쾌하게 이런 말을 건네는 남자도 있을 것이다. 친구들에게 화를 내는 것일 수도 있고, 거리를 지나가는 여자들에게 별생각 없이 던지는 말일 수도 있다. "야, 이 씹새끼야"라든가 "씨발"이라는 표현에서 쓰이는 '씹' 또한 인기 있는 말이다. 뒷골목의 비속어는 청교도들이 미 대륙에 도착하고 1년 후 가난한 사람들이 마법처럼 만들어낸 것이 아니다. 그것은 모든 사람들이 혹시나 해서 항상 거들먹거려야 했던 환경의 산물이다. 비속어 사용은 실질적으로 아무 의미가 없는 경우가 대부분이다.

하지만 당신이 거리를 걷고 있을 때 가까이서 일종의 언쟁이 터질 가능성은 언제나 존재한다. 신용카드 승인이 거절되자 계산원에게 화가 난 사람이, 나를 얕잡아 보는 것이냐, 본때를 보여주겠다며 소리를 지르기 시작한다든지, 노숙자가 무엇이 거슬렸는지 갑자기 시끄러운 목소리로 불평하기 시작한다든지, 또는 변덕스러운 커플이 소위 '관심종자'적 성향을 드러내며 싸움을 시작할 수 있다.

최근에 겪은 일이다. 나는 저가 음식점인 데니스Denny's에서 커피를 마시며 이 책의 한 장을 마무리하고 있었다. 내 옆 테이블에는 아이 몇 명과 남자 둘, 여자 하나가 앉아 있었고 모두 스무 살 전으로 보였다. 내 뒤 테이블에는 두 사람이 앉아 있었는데 그중 한 명이 왠지 모르겠지만 내 옆 테이블의 누군가에게 모욕을 당했다는 생각을 품었다. 순식간에 모든 사람이 자리에서 일어나 마치 펜싱을 하듯 모욕적 언사를 주거니 받거니 하며 싸움을 하려고 했다. 나는 그 공격적인 남자를 밖으로 끌고 나와 담배를 피우게 하며 그의 친구가 음식을 챙겨 레스토랑을 뜨기를 기다렸다. 정말 아무 이유 없이 공격을 당한 사람들은 다른 누군가가 입을 다물게 했다.

여느 때와 다를 것이 없는 화요일이었다. 나는 그 데니스를 여러 번 이용하고 있고 그때마다 그저 커피를 마시고 올 것을 예상한다. 하지만 내가 어떤 멍청이의 입을 닥치게 할 일이 생길지는 아무도 모른다. 그런 일이 항상 생기는 것은 아니고, 그 음식점에 가는 게 대체로 지루하지 않고 평범하지 않다는 뜻이 아니다. 하지만 그런 일은 언제라도 발생할 수 있다. 그곳에 오는 이들은 모두 항상 긴장하고 있고 걱정에 싸여 스트레스를 받는 그런 사람들이기 때문이다. 그리고 그런 일은 실제로 종종 일어난다. 그러니 마음의 준비를 해두는 게 최선이다.

시골에서 가난하게 살려면 거칠어야 한다. 빌어먹을 타이어를 스스로 갈 줄 알아야 하고 엔진이 덜덜 소리만 내면 꼬챙이로 쑤셔 시동을 걸 줄 알아야 한다. 우리는 장작을 패고 먹거리를 잡거나 기른다. 가난한 시골 사람은 중고품 가게에 갈 수도 없다. 몇 킬로미터나 떨어져 있기 때문이다. 잠에서 깨 일터로 가기 전에 가축과 작물(혹시 가지고 있다면)을 돌봐야 한다. 시골에서 가난하게 산다는 것은 언제라도 길가에서 차가 망가져 멈출 수 있다는 것을 뜻한다. 트럭이 너무나 구형이고 컴퓨터 따위는 어디에도 설치되어 있지 않기 때문이다. 그리고 시골에는 대중교통이 없다. 작동되는 자동차 없이는 두 다리로 걸어야지 별수 없다. 비가 오나 눈이 오나.

이러니 가난한 사람들은 필요에 의해 약간은 거칠고 툴툴거리며, 날을 세운 채 걸어다니는 것이다. 우리는 보수꼴통 시골 촌놈이며 장화를 신고 우리 자신을 방어할 무기를 가지고 있다고 자랑스럽게 선언한다. 우리 힘으로 잘 살고 있다 이거다. 또는 우리는 뒷골목 어딘가 출신이며 만만히 보았단 큰코다칠 줄 알라고, 비실거리는 놈은 우리 동네엔 발도 붙일 수 없다고, 그래서 우리는 전사처럼 강하다고 고함을 지른다.

또한 나는 그런 이유로 '씨발' 소리를 하게 된다. 많이 많이. 습관처럼 하는 욕설도 일종의 방어기제이다. '씨발'이라고 말하는 것은, 특히 여성으로서 그런 말을 하는 것은, 내가 함부로 대할 사람이 아님을 선언하는 가장 빠르고 쉬운 방법이다. 아니면 적어도 그런 척을 하기에 충분하다. 그것은 거칠고 천박한 말로, 타인의 부정적 의견이나 찌푸린 시선을 두려워하는 사람이라면 쉽사리 입 밖에 낼 수 없는 말이다.

'씨발'이 가진 이런 점들은 내게는 장점이다. 부적절한 상황에 뱉는 경우 부드럽게 넘어가기 힘들뿐더러 협박으로까지 들릴 수 있다는 것은 단점이다. 상류계급 사람들과 엮일 때 그 말을 사용했다가는 내가 받을 대접까지 달라질 거라는 걸 알고 있지만 그건 사실상 잠재의식에 자리 잡아버린 습관이다.

나는 아주 약간이지만 거들먹거리며 걷는다. 도시의 괜찮지 않은 지역에 사는 많은 사람이 정도만 다를 뿐 이런 식으로 걷는다. 우리가 자기 앞가림을 할 줄 알며 호락호락하게 희생양이 되지 않을 정도로 영악하다는 것을 멀리서도 알 수 있게 하는 방법이기 때문이다. 이것 또한 내 안에서 무의식적으로 작용한다. 중간계급과 상류계급 사람들에게는, 내가 그들과 다르며, 내가 좀 괜찮은 사람들에 속해 있지 않다는 의도치 않은 신호를 보내는 지점이다.

나의 거친 행동은 처음에는 생존기제로 계발된 것이었다. 하지만 시간이 흐르면서 자연스러워졌다. 내가 치아를 숨기는 습관과 많이 비슷하다. 너무나 잘하게 되어서 시간이 흐른 후에는 의식하지도 않게 되는 것이다. 나는 아무것도 의식하지 않는다. 어떤 것이 부적절하거나 이상하다고 머리에 새기는 일을 멈췄고 내 행동이 부적절하거나 이상한 것 같다고 의식하는 일도 멈췄다. 애초에 알고 있던 경우에 한해서지만.

되돌아보면, 언제 이렇게 바뀌기 시작했는지 알 수 있을 것 같다. 하층계급에 속한 것이 더 편안하게 느껴지면서 동시에 중간계급과의 연결점을 잃기 시작했다. 당신이 두 세계를 연결하며 살 수도 있겠지만 그러려면 의식적인 노력이 필요하며, 지나치게 피곤하지 않아야 한다. 그렇지 않다면 당신은 본래 자리로 되돌아간다. 예를 들어보자. 내게는 정상적 인간처럼 지적으로 흥미로운 토론을 할 능력이 확실히 있다. 하지만 내 친구들에게 묻는다면 그들은 내가 피곤한 기색이 역력하며 예의 바른 말과 표현을 자극적이고 공격적인 것으로 아주 자주 바꾼다고 일러바칠 것이다.

나는 고상함 따위는 개나 주는 사람을 연기하는 데는 아무 문제가 없다. 외적으로 고상하게 보이는 것은 힘겹다. 돈이 드니까.

내 푸석푸석한 얼굴에 쓰여 있는 나의 경제적 지위를 확인하기 전에 나는 강철 같은 자존감의 소유자였다는 식의 주장은 하지 않겠다. 나는 독서와 체스를 좋아하는, 과체중의 지질한 아이였다. 화장과 패션에 관심을 가져야 하는 시기를 놓쳐버린 범생이 타입이었다. 하지만 가난하게 사는 것은 쥐꼬리만큼이나마 남아 있었을지 모르는 자존감마저 싹 앗아가버렸다. 부자들이 "오늘은 머리가 안 예뻐 보이네" "오늘은 살이 쪄 보이네" 같은 불평을 한다면 나는 "오늘은 머리카락이 튀김 기름에 절었네" "오늘은 뭘 입어도 좆같네" 하고 불평을 한다. 상한 치아와 좋지 않은 피부 때문에 가치가 덜한 존재, 존중받을 자격이 덜한 존재라는 낙인이 찍히는 것은 언급하기조차 귀찮다. 독자 여러분은 자유의지로 이 책을 읽고 있고 내가 무슨 말을 하는지 알 정도로 똑똑하니 그냥 넘어가도 되리라. 하지만 그것들은 '대단히 선명한' 표지 몇 가지에 불과하다. 그보다는 덜 선명한 표지들도 진짜 많다. 평균적인 부자가 폴리에스테르로 만든 유니폼을 온종일 입어야 한다면 그들에게 항우울제가 필요하게 될 것이다.

빈곤층, 가난한 사람, 또는 노동계급. 당신이 이 중 어디에 속하건 간에 100만 가지는 되는 사소한 경로로 당신의 수준을 자각하게 된다. 때때로는 깍듯한 하대를 받을 때, 때때로는 옷 때문에 몸이 근질거릴 때 그렇게 느낀다. 가난한 적이 전혀 없었던 사람은 상당히 이해하기 어려울 것이다.

청바지를 예로 들어보겠다. 바로 얼마 전, 나는 70달러짜리 청바지를 샀다. 엄청난 고가의 그 옷은 내가 산 청바지 중 처음으로 꽤 괜찮다고 할 만한 제품이었다. 그리고 빌어먹을! 엄청난 기적이 일어났다. 나는 데님이 불편하지 않을 수 있다는 사실을 예전엔 미처 몰랐다. 엉덩이를 돋보이게 해주는 청바지. 들은 적은 있지만 믿은 적은 없었다. 월마트에서는 두 가지 종류의 청바지만 판다. 엄마들이 입는 배바지 스타일과 밑위가 짧은 스키니 스타일. 후자는 중학생용이라 보면 될 것이다. 그 속에 몸을 꿰어넣을 수 있는 성인 여자는 존재하지 않기 때문이다. 월마트 청바지는 스타일에 상관없이 무겁다. 탄광촌 사람들에게 걸맞을 정도로 두껍고 거친 원단이 나의 불행한 하복부 위에서 늘어나버리면 그것으로 끝이다. 월마트 청바지는 당신이 좋아하는 몸의 굴곡은 숨겨주고 남이 몰랐으면 하는 굴곡들은 아주 뚜렷하게 드러내준다.

물론 그것은 청바지가 몸에 들어갈 때 얘기다. 내가 아주 좋아하는 청바지 한 벌은 너무 오랫동안 입고 세탁하다보니 흐늘흐늘해졌다. L사이즈일 때 입었던 그 바지를 XXL사이즈가 되었을 때도 입었다. 아주 뜨거운 물에 세탁하고 뜨거운 건조기에 넣으면 확 줄어들기 때문에 내가 말랐을 때도 벨트를 매면 입을 수 있다. 차가운 물에 세탁을 한 후 건조되는 동안 허리 부분을 잡아늘리면, 내가 최고 사이즈를 찍을 때에도 지퍼를 올릴 수 있을 정도로 커진다. 바지에 다리를 꿰어넣기만 하면 바지를 입은 셈이 되지만 아예 바지를 입지 않고 집 밖으로 나서는 것보다 기이하게 보인다. 바지를 입지 않는다면 적어도 당신은 미친 사람이 될 여지가 남는다. 하지만 대부분의 사람에게는 볼품없는 바지란 볼품없는 취향일 따름이다.

최근에 잡힌 촬영 탓에 나는 얼굴에 바를 것이 간절히 필요해졌다. 그때까지는 화장품 가게에 갈 일이 전혀 없었기 때문에 무슨 색을 선택해야 할지 전혀 감이 없었고, 화장품 전문점에 가면 파운데이션 그리고 아마도 립스틱까지 직원의 도움을 받아 고를 수 있을 거라고 생각했다. 판매원은 그러한 도움뿐 아니라 무료 화장 강좌까지 받게 해주었고 나로서는 상상도 못 했을 정도로 많은 공짜 제품을 주기까지 했다. "이거, 샘플이고요. 저 샘플도 드릴게요, 이 영양크림도 좀 발라보세요." 단지 20달러를 가지고 그 가게에 갔다는 이유만으로 나는 이 모든 것을 얻었다. 전문점에서 얻을 수 있는 혜택이란 실로 어마어마하다.

나는 돈을 현명하게 소비하며 외모에 투자해야 사람들에게 더 귀한 대접을 받는다는 말을 숱하게 들어왔다. 스타일계의 권위자들은 필수품 몇 가지를 사두라고 말한다. 정장에 쓸 여윳돈을 300달러 정도 긁어모을 수 있다면 귀담아들을 만한 조언이다. 20달러짜리 화장품. 그 정도는 가끔가다 살 수 있다. 50달러의 여윳돈이 생길 때도 있지만 정장을 사기에는 여전히 부족하다. 내가 '린다가 입을 좋은 옷'이란 딱지를 붙인 돼지저금통에 일주일에 20달러만 넣을 수 있다면 15주 후에는 정장을 살 충분한 금액이 모일 것이다. 하지만 동화 속에서나 가능한 얘기다. 40달러가 모일 때쯤이면 우유라든가 화장실 휴지라든가 그 돈의 다른 용도가 열 가지는 생긴다. 하지만 정장을 입을 일이 얼마나 자주 생기겠는가. 또한 입을 때가 오더라도 옷이 얼마나 중요하겠는가.

완전히 부적절한 의상을 입고 전문직 행사에 간 적이 여러 번 있다. 격식 있는 행사에 옷을 너무 아무렇게나 입고 간 적도 있고 그 반대인 경우도 있다. 격식 없이 자유로운 분위기의 행사에 하이힐 구두를 신고 가기도 한다. 나는 스타일 매뉴얼이나 패션 잡지를 볼 시간도 자원도 없고 사회생활을 위한 힌트나 세세한 가르침을 줄 사람들도 없다. 설사 있더라도 그에 쓸 돈이 없다.

명확히 해두고 싶은 게 있다. 나는 가난한 사람들은 모두 옷을 어떻게 입는지 모른다고 말하는 것이 절대 아니다. 가난해도 이 분야에서 두각을 나타내는 사람들이 분명히 있다(가난한 사람 중에도 〈프로젝트 런웨이Project Runway〉와 각종 메이크오버 쇼를 보며 미래의 패션 디자이너를 꿈꾸는 이들이 있다. 그리고 유튜브만 가면 세상에 존재하는 어떤 색의 아이섀도라도 멋지게 칠하는 법을 배울 수 있다). 하지만 내 경우에는 무엇을 입어야 하는지 알았다 하더라도 소용이 없었을 것이다. 돈이 없었기 때문이다. 나는 두 사이즈나 작은 정장을 입은 적이 있다. 체중이 늘어서 몸에 맞는 옷이 없었다. 행사가 시작되고 몇 시간이 지난 후에야 나는 깨달았다. 저녁을 같이 보낼 여자를 찾는 남자들 외에는 아무도 내게 진지하게 말을 걸고 있지 않았다. 내가 행사에서 말하고자 했던 내용은 누구의 귀에도 닿지 않았다. 나는 또한 턱시도와 이브닝드레스를 입어야 하는 행사에 가벼운 여름 원피스를 입고 가기도 했다. 계절에 맞지 않는 옷인 것을 알고 있었지만 그 원피스가 내가 가진 가장 좋은 옷이었다. 그 행사에서도 나를 진지하게 대하는 사람은 없었다.

첫인상은 매우 중요하다고들 말한다. 그 말이 옳다면 전문적인 이미지에 맞게 옷을 입는 사람과 경쟁해야 하는 상황에서 내가 그 일을 따낼 가능성이 얼마나 됐겠는가. 장담하건대, 다른 지원자가 나보다 약간 실력이 부족하다 해도 그 사람을 고용하고 싶었을 것이다. 그녀를 고용하면 CEO와 매주 갖는 회의에서 부하 직원이(그녀의 가난한 모양새가) 두드러지게 눈에 띌까 불안해할 필요가 없는 것이다.

내가 감성과 외모에서 모두 철저하게 하층계급이라는 사실을 마침내 제대로 깨달은 것은 마지막으로 참여한 전문직 행사에서였다. 예상과 달리 남편이 GI 빌을 받지 못한 탓에 오하이오에서 아주 괴로운 나날을 보내고 있을 때 나는 예전 경력을 되살려보려고 노력 중이었고 좋은 기회를 좀 긁어모을 수도 있을 거라고 생각했다. 정치 쪽에서 일하는 예전 직장 동료들이 같이 저녁을 먹자고 초대했다. 하지만 막상 그 자리에 가니 나는 아무 할 말이 없었다. 새 레스토랑이나 영화나 바 등, 대화를 시작하기 위해 흔히 다루는 주제에 대해 나는 아무 의견도 갖고 있지 않았다. 내가 나눌 수 있는 얘기는 하나같이 그 자리에는 어울리지 않을 주제였다. 취해서 자기 트럭과 싸움이 붙은 이웃에 대해 얘기할 수는 없었다. 차 시동이 걸리지 않아 화가 난 이웃은 트럭을 때리면 문제가 해결될지 모른다고 생각했다(알고 보니 이웃과 같은 방을 쓰는 동료가 시동이 걸리지 않게 조치한 것이었다. 제대로 된 친구라면 취한 친구를 운전하게 내버려두지는 않는다. 그리고 그 친구가 똑똑하기까지 하다면, 자기 대신 트럭이 한 대 얻어맞도록 내버려둔다). 좋은 채소를 구할 수 있거나 기저귀가 괜찮은 푸드뱅크가 어디인지 얘기할 수도 없었다. 나는 또한 음식도 음료도 주문하지 않았는데, 웨이터는 이런 나를 그냥 내버려두지 않았다("주문을 안 하셔도 되겠습니까? 제가 이것/저것/다른 것을 추천해드릴까요"). 급기야 나는 테이블에서 빠져나와 웨이터를 쫓아가 설명을 해야 했다. 메뉴에 있는 음식은 어떤 것도 주문할 여유가 없으니 제발 주문 가지고 호들갑을 떨지 말아달라고 부탁했다. 그날 이후 나는 그 동료들 누구에게도 전화를 걸지 않았다. 친구들 또한 아무도 내게 전화하지 않았다.

나는 이런 일이 왜 일어나는지 이해한다. 내가 이해하지 못하는 것은 따로 있다. 왜 패스트푸드점에 와서 삭스5번가 같은 고급 백화점이나 자기 돈을 넣어둔 은행에서나 기대할 수 있는 그런 미소와 우아한 응대를 나에게 원하는가 말이다. 서비스직 노동자들이 좀더 미소를 짓고 상냥해야 한다고 진심으로 생각하는 이들은 뭔가를 모르는 사람들이라는 생각밖에 들지 않는다. 존중과 배려, 직장에서의 기본적 공정함 같은 것이 그들의 삶에서는 너무나 당연하기 때문에 그런 것이다. 각종 혜택과 보험을 가진 사람들. 그들은 진열대에서 가장 예뻐 보이는 것을 고를 수 있는 사치, 자동차가 움직이느냐 아니냐를 넘어서 어떤 색 도장이 더 마음에 드는지 고려할 수 있는 사치에 익숙해 있고 그래서 하루 매 순간을 간신히 살아갈 수밖에 없는 삶이 얼마나 우울한 것인지 이해하지 못한다. 내가 당신에게 빌어먹을 햄버거를 건네면서 가식 없는 명랑함으로 열렬하게 인사하지 않는다고 해서 섭섭해하지 말아달라. 가짜 인사 정도로 참아야 할 것이다.

　내 세계에 사는 사람들은 자신의 감정을 속이거나 남의 감정을 걱정할 시간도 기력도 없다. 전문직 세계에선 하나같이 서로를 기분 좋고 안온하고 편하게 느끼게 하려고 어찌그리 애를 쓰는지 정신이 산란해질 정도다. 이해가 안 된다. 내게 그런 노력은 일의 일부가 아닐뿐더러 일을 진행하는 데 방해가 된다. 누가 내게 의견을 구하면 나는 그저 의견을 말한다. 5분 동안 날씨에 관해 얘기하거나 셔츠가 참 근사하다는 둥 입에 발린 말을 먼저 하는 수고 따위 하지 않는다. 나는 내게 던져진 질문에 대해 생각한다. 회사 내 우정상을 타려고 월급을 받는 사람은 없다고 생각한다. 노숙자 옆을 지날 땐 눈 한 번 깜박이지 않는 부류들이 자신을 향한 직장 동료들의 시선에 대해서는 집착하는 것이 너무나 놀라울 따름이다. 내가 나의 감정에 관해 얘기하면서 전문직으로 일할 때 썼던 시간의 반이라도 낭비했다면 나는 곧 일자리를 잃고 화이트칼라 동료들이 조금 전에 쌩하니 지나쳤던 그 노숙자 바로 옆에 누워 있게 될 것이다.

　아마도 감정이란 전문직 사람들에게만 허용되는 것인지도 모른다. 우리 감정에 관해선 누구도 손톱만큼도 개의치 않는다는 사실을 나나 내 친구들은 모두 알고 있다. 주제를 알라는 둥, 네가 처한(비정상적인) 노동환경에 대해 호들갑 떨지 말라는둥의 말을 집에서도 직장에서도 꾸준히 듣는다. 그리고 소위 '태도 논란'은 일에 관련된 주제를 얘기할 때 자주 언급된다. 그래도 어쩔 수 없다. 우리는 삶의 어마어마한 부분을 일에 할애하며 살아야 한다. 그런 우리가 일터에서 받는 대접은 퇴근할 때 그저 툭툭 털어버리고 갈 만한 것이 아니다. 그건 우리의 일부가 되어버린다. 우리가 입는 바로 그 갑옷처럼.

하지만 우리는 계속 미소 지으라는 말을 여전히 듣는다. 그들은 성공적인 인생을 살지 못한다며 우리를 꾸짖고, 간신히 살아남을 기회에 감사하라는 말을 한다. 우리는 그런 말이 진실인지 아닌지 상관하지도 않는다. 어차피 이길 수 없다. 시시포스 Sisyphos 같다.

책임감이 있는 자에게 빈곤은 '아니'의 끝없는 악순환이다. 아니, 그건 네 것이 아니야. 그렇게 해서는 안 돼. 그럴 돈이 없어. 그걸 먹을 수 없어. 그걸 선택할 수 없어. 이건 네가 손댈 수 있는 게 아니야. 저것은 네 것이 아니야. 이쪽에 있는 것은 다른 종류의 사람들을 위한 것이야. 내가 정말로 써서는 안 될 금액의 돈을 쓴 적이 몇 번 있다. 그저 나 자신에게만이라도 "나는 쓸 수 있어"라고 말하고 싶었다. 그 말이라도 해보고 싶었다.

너는 그만큼만 가질 수 있고, 너의 가치는 그 정도뿐이라는 말을 들으면 분노가 치솟는다. 빈곤이 감옥과 같은 것이어야 한다면 아예 죄수들로 저임금 일자리를 채우면 어떻겠는가. 일거양득이 될 것이다. 모든 사설 감옥들은 엄청나게 높은 수익을 올릴 것이고 저임금 노동자들은 자신들이 겪어도 마땅한 빈곤함을 겪게 될 것이다. 왜냐하면 그것은 그들에게 내려진 징벌이니까.

뭐, 우리가 역경을 이길 수도 있겠다. 때때로 우리는 고난에서 벗어날 수 있다. 따지고 보면, 당신이 지금 읽는 이 책도 서비스직 노동자가 쓴 책이긴 하다. 하지만 나의 성공엔 반전이 있다. 내가 이 기회를 얻은 이유는 생활임금 이하의 일자리를 내가 고맙게 여기지 않는다고 생각하는 못된 놈들을 위해 뭐 빠지게 일했기 때문이 아니다. 독자 여러분이 이 책을 읽게 된 것은 번개가 내려쳐서, 내 얘기가 입소문을 탔기 때문이다. 그런데 번개란 모든 사람이 맞을 수는 없는 그런 것이다. 우리는 단한 번의 기회를 희망할 수는 있지만, 절대로 계획할 수는 없다. 계획하고 또 계획하며 마법의 그날이 오기를 기다리는 것은 너무나 힘들고 아프다.

그렇다. 나의 아메리칸 드림은 이제껏 이런 식이었다. 그리고 이것이 수백만 명의 우리가, 계산대 뒤에서 골이 난 것처럼 보이는 사람들이 살아가는 현실이다. 우리의 육체는 쑤시고, 우리의 두뇌는 지끈거리며, 우리의 영혼은 아프다. 우리를 미소 짓게 하는 것 따위는 거의 없다.

내가 가진 문제들은
채소 샐러드 정도로는
도저히 해소할 수 없는
골칫거리다

우리는 스트레스를 푸는 나름의 방식이 있다. 나는 담배를 피운다. 내 친구들은 술을 마신다. 사실, 당신이나 당신 친구 중 많은 이들도 술을 마시며 힘든 시간을 버틸 것이라고 확신한다. 영원히 끝나지 않을 것 같던 하루 일을 마치고 집에 오면 무엇을 하는가. 맥주 캔을 하나 따거나, 감자 칩 봉지를 하나 뜯거나, 스트레스가 머리끝까지 차 있으면 바리움^{Valium}■ 한 알을 복용하지 않는가. 아니면 마사지를 받거나. 그도 아니면 헬스클럽 사우나에서 땀을 빼거나.

　　일부 사람들의 스트레스 해소법이 가난한 사람의 해소법보다 더 나은 것은 어째서일까? 해소법의 모양새가 더 예쁘기 때문이다. 돈을 가진 사람들은 좋은 유리잔에 양질의 와인을 따

■ 디아제팜(Diazepam)이라고도 불리며, 불안 증상에 쓰이는 저가 약물이다.

라 마신다. 담배를 사기보다는 자기 정신과 의사에게 전화를 걸어 벤조Benzodiazepine▪ 처방전을 받기도 할 것이다. 그들은 원하는 것을 무엇이든 살 수 있고, 그런 소비는 문제가 되지 않는다. 쇼핑은 상류계급을 위한 타당하고 훌륭한 치료법으로 인식되어 있기 때문이다. 가난한 사람들은 그런 사치를 누릴 수 없다. 우리는 담배를 피운다. 도파민을 분비시키는 손쉽고 빠른 방법이니까. 우리는 정크푸드를 먹는다. 저렴한 데다 뇌의 쾌락중추에 불을 켜주니까. 그리고 우리는 마약을 한다. 좋은 기분을 느끼거나 무언가를 잊고 도피하는 데 효과적인 방법이니까.

가난한 사람들의 스트레스 해소법이 멋지지 않다는 것은 알겠다. 진짜로 안다. 하지만 내가 도저히 알 수 없는 것은, 어째서 가난하지 않은 사람들이 그 때문에 우리를 제멋대로 판단하는지다. 거지발싸개 같은 우리 인생이 마치 우리의 자기파괴적 행동이 불러온 당연한 결과라는 식으로 말이다.

모르면 좀 배우자. 습관과 상황은 쌍방통행이다. 알겠나? 때때로 습관이란, 상황에 대한 반응으로 나타난다는 말이다.

물론 예외도 분명히 있다. 우리가 멍청한 짓거리를 해서 거지발싸개 같은 인생을 살게 되는 경우도 당연히 있다. 선량한 중간계급 가정 출신인 필로폰 중독자, 결국은 노숙자가 되어 내가 이제껏 겪은 생활보다도 훨씬 비참하게 사는 그런 사람들을 달리 설명하기는 힘들다. 확실히, 그런 사람들은 존재한다. 그들의 중독 상태가 질병이 아니라 그들의 잘못이라고 믿고 싶다면, 그렇게 믿고 그 사람들을 정죄하면 된다. 그 사람의 몰락은

▪ 불안 감소 효과를 가진 약물로 향정신성의약품에 속한다.

자업자득이라고 말이다.

하지만 내가 가난한 것이 단지 담배를 피우기 때문이라고 나를 설득할 자신이 없다면 그따위 설교는 접기 바란다. 흡연이 좋지 않다는 것쯤 나도 안다. 나는 담배에 중독이 되었을 뿐, 머리가 썩지는 않았다. 내가 담배를 피우는 건 이유가 있고 그 이유는 나름 타당하다. 담배 덕분에 계속 깨어 있을 수 있기 때문이다. 담배가 폐에 독을 주입하고 암에 걸릴 확률을 높이는가. 당연히 그렇다. 하지만 그래서 담배를 끊을 것인가. 그렇지 않다. 왜냐하면 흡연에 드는 비용과 흡연을 통해 얻는 혜택은 '나는 흡연을 좋아한다' 대 '흡연을 안 하면 아마 더 오래 살 것이다'로 간단히 파악할 수 있는 것이 아니기 때문이다. 그보다는 '흡연을 하면 내가 더 버틸 수 있을 것이다' 대 '흡연을 안 하면 내가 무언가를 후려치고 싶은 충동을 계속 느낄 것이다'가 더 타당하다.

우리 구역에 사는 사람들이 다섯 구역 떨어진 부유한 동네에 사는 사람보다 일찍 죽을 가능성이 통계적으로 높다는 사실에 관해 이웃과 얘기를 나눈 적이 있다. 그는 인생이 별거냐, 다 그런 거 아니겠냐고 했다. 의문을 품는 걸 그만둔 것이다. 당신이 어차피 일찍 죽을 운명임을 이미 깨달았다면 지금 이 순간을 헤쳐나가는 데 도움이 되는 것을 뭣 하러 포기하겠는가.

그날 만난 사람과 바로 섹스를 하거나 담배를 뻑뻑 피워대서 뿅 가는 것이 장수에 도움이 된다는 말을 하려는 것이 아니다. 그저, 스트레스가 날 먼저 죽일 거라면 내가 맞이할 인생의 말로에 대해 군이 걱정할 이유가 있냐는 뜻이다. 지금 답답한 이 내 속을 풀지 않는다면, 약의 역할을 대신 해줄 행동을 지금

하지 않는다면, 내게 노년의 날이란 어차피 없을 것이다. 일찍 죽거나 감옥에 가거나 마침내 정신을 놓아 정신병동에 갇히게 될 거다.

분명히 해두고 싶은 것이 있다. 내가 가난한 사람 모두의 대표는 아니다. 당연한 말이지만 어느 계급에나 건전한 사람들은 있다. 가난한 사람 중에도 낙오자처럼 마약을 하는 것은 꿈조차 꾸지 않을 사람들이 있다. 이 책의 제목을 《한 나라의 3분의 1을 차지하는 인구를 하나의 행동 집단에 구겨넣을 수는 없다》라고 지어도 무방할 것이다.

나와는 다른, 그런 건전한 사람들은 종종 종교적으로 믿음이 깊고 진실하다. 나는 종교가 평화로운 순간을 선사해주는 위안의 의식이라는 점에서 흡연과 그리 다를 바 없다고 생각하는 편이다. 하지만 내가 습관으로 평가받기 싫은 것과 같은 이유로, 절대로 타인을 습관으로 판단하지는 않는다. 그래서 나는 종교 같은 마법을 믿기엔 자신들은 너무나 훌륭하다는 식으로 구는 멍청이들보다 종교적인 사람들을 옹호하는 편이다. 따지고 보면, 우리는 모두 무언가를 마법으로 생각하고 있지 않은가.

불건전한 종류의 행동에 발을 담근 가난한 사람들도 있다. 그것 또한 당연한 일이다. 그렇다고 해서 가난한 우리가 하나의 무지한 집단으로서 '다른 모든 이'들은 하지 않는 짓을 하는 것은 아니다. 어느 소비자의 연소득이 7만5000달러 선이 되는 순간 마약과 알코올과 담배 판매가 중단되는 것은 아니라 이거다. 자기도 숙취를 극복하지 못한 주제에 내 자기파괴적 습관에 대해 설교해대는 소리를 들으면 정말로 약간은 짜증이 난다. "이

친구야, 보르도 와인을 한 병 즐기든 미키스 맥아주*를 한 깡통 들이켜든 취하는 건 똑같아"라고 한마디 쏴주고 싶다. 하지만 과음을 부정적으로 보는 시선은 대체로 싸구려 술을 마시는 우리에게만 향하는 것 같다.

악덕에 드는 비용이 아닌, 악덕 그 자체에는 사람들이 도덕적 잣대를 덜 들이대기에 그렇다는 게 내 생각이다. 돈이 남아돌아서 술과 담배에 낭비할 수 있다면 그건 네 사정이지만 가난한 사람이 그런 일을 하는 건 죄악이며 부끄러운 짓이라는 논리다. 부자들은 가난한 사람들은 모두 복지수급이나 푸드스탬프, 또는 다른 식의 사회적 지원을 받을 것이라고 으레 가정한다. 정부로부터 한 푼이라도 받게 되면 그 순간 당신에게는 도덕적이어야 할 의무가 발동된다. 당신이 실제로 즐길 수 있는 행동을 절대 허용받지 못하게 되는 것이다. 그것이 복지수급자가 달아야 하는 주홍글씨다.

한 해에 푸드스탬프로 몇천 달러를 받는 것이 기업 구제금으로 몇조 달러를 받는 것과 어째서 신기할 만큼 다른 취급을 받아야 하는 건지 이해를 못 하겠다. 2013년에 푸드스탬프에 764억 달러가 쓰인 반면, 은행에는 수조 달러가, 아마도 수백 번은 쓰였을 것이다. 그것은 사회 상류층에게 주는 공짜 혜택의 '한 가지' 예일 뿐이다. 연방 정부가 은행에는 현금을 건네고 다른 부자들한테는 야생지대에서 알아서 살라고 내버려두지는 않는다는 말이다.

많은 사람이 기업 구제금과 푸드스탬프 사이에 차이가 있

■
미국 유명 맥주 회사에서 판매하는 저렴한 술로 맥주와 비슷하지만 맥주라고 하기는 어렵다.

내가 가진 문제들은 해소 셸터드 청토로는
도저히 해소할 수 없는 꿀칠거리다

다고 보는 모양이지만, 나는 연방 정부가 사용하는 돈이라는 측면에서 어떤 차이를 찾을 수 없다. SNAP^Supplemental Nutrition Assistance Program■ 소득공제도, 결국엔 혜택을 얻는다는 면에서는 동일한 것이다. 원래대로라면 당신이 받지 못했을 돈을 정부가 주는 거니까. 경기부양 예산은 적극적 또는 소극적인 방식으로 모두 사용할 수 있다. 포괄보조금도 세제혜택도 모두 어딘가에 사는 누군가에게 지워진 부담을 줄여주고 싶거나 특정한 행동을 촉진 또는 억제하고 싶을 때 사용되는 정부투자금이다. 정부가 사람들이 굶어 죽지 않기를 원한다면? 푸드스탬프. 사람들이 집을 구매하기를 원한다면? 장기주택담보대출 이자 소득공제.

둘 사이에 차이가 있다면, 부자들이 가난한 사람들보다 정부에게서 돈을 더 많이 가져간다는 사실일 것이다. 부자들은 앞에서 언급한 장기주택담보대출 이자 소득공제와 자본소득, 상속세 완화, 퇴직연금 세금감면 등을 모두 누리고 있는데도 부끄러운 줄 알라는 식의 취급을 받는 것은 가난한 사람들뿐이다. 복지혜택을 받는 주제에 내가 때때로 스트레스를 해소하는 것이 어떻게 정당화될 수 있는 건지 궁금한가. 일 얘기는 달랑 10분쯤 한 주제에 끝내주게 근사한 저녁식사에 어마어마한 큰 금액을 뿌리고는 회사에 경비처리하는 것을 당신이 정당화하는 것과 똑같다.

사람들은 이중과세를 욕한다. 주식회사가 이익금에 대한 세금을 내고 남은 돈을 주주에게 넘겼는데 주주 또한 세금을 내

■ 저소득층을 위한 식료품비 보조 프로그램이다.

야 하는 것이 이중과세다. 사람들 눈에 이런 조치는 엄청나게 부당한 것이며 그러한 부당함을 해소하려면 주주가 받는 배당금에 세금을 면제해주는 것이 유일하게 합리적인 방법인 모양이다. 어떤 수입은 수입으로 여기지 않기 때문인가. 그 같은 논리라면 나는 임금에 세금을 내란 소리를 들으면 안 되는 것 아닐까. 왜냐하면 내 윗사람은 세금을 낸 돈으로 나한테 임금을 줄 테니까 말이다.

자본소득이란, 돈이 있다는 그 단순한 사실 때문에 더 벌게 되는 돈을 뜻한다. 그게 다다. 일도 뭣도 할 필요가 없다. 그저 돈이 있으면 그 돈이 불기를 기다리면 된다. 그러면 돈이 더 생긴다. 그리고 당신은 그 불어난 돈에 세금을 낼 필요가 없어야 한단다. 불공평하기 때문이다. 왜 그런지는 몰라도.

물론, 이런 것들은 실업급여와는 전혀 다르다. 실업급여는 사장이 직원 한 명 한 명을 위해 납부하는 세금을 통해 지급되지만, 그 급여를 받으면 나는 세금을 내야 한다. 두둑한 세금 혜택은 모두 하층계급에만 주어진다고 여전히 믿고 싶다면 당신 맘대로 해라.

모든 인간은 좋은 기분을 느끼고 싶어한다. 단지, 돈이 있는 사람들은 상류계급에 특화된 방식으로 좋은 기분을 느끼고 싶어하는데 그 경우 방식은 문제가 되지 않는다. 비싼 구두 한 켤레나 스테이크가 실제로 필요한 것이라는 주장은 하지 못할 거다. 그건 당신 기분을 좋게 하는 물건일 뿐이다.

과학 관련한 주제에 대해선 내가 신뢰하는 잡지인 〈사이언스*Science*〉에 실린 연구 논문에 의하면, 가난할 때 사람의 뇌는 그 능력이 실질적으로 저하된다고 한다. 이 이론에 따르면 뇌의 너무나 큰 부분이 빈곤과 관련된 문제에 신경을 쓰느라 다른 일, 예를 들면 인생 같은 것에 쓸 수 있는 용량이 부족해질 수밖에 없다는 것이다. 이런 연구는 더 있다.

프린스턴 대학의 연구자들은 돈과 관련된 스트레스는 가난한 사람들의 뇌에 IQ가 확 낮아지는 것과 동일한 영향을 끼친다는 연구 결과를 얻었다. 그 스트레스를 제거하면 우리의 뇌가 부유한 실험대상자에게 기대되는 수준으로 기능한다는 점 또한 발견했다. 단기기억이 손상되고 복잡한 문제들을 처리하는 데 문제가 있는 경우에도 같은 결과가 적용된다고도 했다. 하루 정도 밤을 새워보고 이튿날 얼마나 제대로 일을 할 수 있는지 관찰해보라. 당신 또한 우리 가난한 사람들이 매일 일하는 수준으로 기능하고 있을 것이다. 우리는 멍청한 게 아니다. 에너지를 보존하고 있을 따름이다.

심지어 연구자들은 빈곤 상태에 처한 사람들과 외상 후 스트레스 장애PTSD를 겪는 군인들 사이에 흡사한 점들이 존재한다는 사실까지 발견하기 시작했다.

물론, 가난한 사람들은 이 사실을 알기 위해 과학의 발견을 기다릴 필요는 없었다. 우리는 그걸 느끼며 산다. 언제나 피곤한 상태로 주의가 산만해져 있는 것이 높은 수준의 인식 활동을 하는 데는 그다지 좋지 않다는 것 정도는 직접 알려줄 수 있었다. 나 역시 서서히 고급 수준의 개념에 대해 생각하는 것을 멈추기 시작했다. 생활을 이어가려고 견뎌야 하는 일을 뛰어넘는 생각을 해본 지가 너무나 오래되었다는 걸 깨달을 때마다 멍청한 기분이 든다. 나에게는 철학도, 음악도, 문학도 없다. 그런 생각을 할 여력이 없기 때문임을 알고 있지만 여전히 가슴은 쓰리다. 그래서 우리는 할 수 있는 한 최선을 다해 그 문제를 해결한다. 나는 저도 또는 중도의 외상 후 스트레스 장애를 겪는 퇴역군인들을 몇 명 알고 있다. 그들은 약쟁이다. 마약은 신경이 항상 곤두서 있거나 기억이 너무 생생하게 떠오르는 것을 막아준다. 은행원들이 집중을 하려고 코카인을 사용한다는 말을 들은 적이 있다. 대학생들은 공부하기 위해 리탈린을 복용한다.

나도 커피를 너무 마시고 담배도 많이 피우니 중독이라는 것과 친한 사이지만 마약으로 넘어가본 적은 결코 없다. 마약이 내게 줄 안식이 너무나 크니까 일단 넘어가면 내가 이전의 생활로 자발적으로 돌아올 수 없기 때문이다. 어찌어찌해서 되돌아온다 하더라도 나를 기분 좋게 해준다는 걸 알면서 평생 거부하며 살아야 하는 게 하나 더 생길 뿐이다. 내가 그런 상황을 잘 견뎌낼 수 있을지 자신이 없다. 난 그런 쪽으로는 그다지 강하지 못하다.

자가진단과 처방은 실제로 존재한다. 우리가 힘든 하루를 버티기 위해 여러 가지를 위조하는 것처럼, 우리는 휴식을 취하는 척하고 영양가 많은 음식을 먹는 척한다. 대체로 우리는 화학물질의 도움을 받는다. 나는 담배를 피운다. 기분을 차분하게 해주고 잠에서 깨어 있게 해주며 허기를 가셔주고 나 자신에게 5분의 휴식을 선사해주기 때문이고, 그냥 기분이 좋아지는 걸 내가 좋아하기 때문이다.

돈을 내면 도자기를 깨부술 수 있는 곳에 가보고 싶은 유혹을 느낀 적이 있는가. 나는 그런 적은 없지만, 생각해보면 무언가를 부수기 위해 돈을 내야 할 이유도 모르겠다. 나는 그냥 바로 부숴버렸다. 답답해서 화가 날 때 물건을 부수면 기분이 좋다. 진짜, 진짜 좋다. 실제로 해결되는 문제는 없지만 잠깐 기분은 나아진다. 나는 유리를 깨는 것을 좋아한다. 치유 효과가 있다. 액자 끼우는 아르바이트의 가장 좋은 점이 그것이었다. 흠집이 난 액자 유리를 처분하기 위해서는 산산이 부숴야 한다. 내가 근무일이 아닌 날에도 뭔가를 부수고 싶어 일터에 들른 적이 여러 번이었다. 모시핏도 비슷한 맥락이다.

내게 시간밖에 없는 날이 언젠가 온다면, 나는 노인들을 위한 모시핏을 시작할 것이다. 나는 더는 모시핏에 끼어들지 않는다. 언제부턴가 모시핏 판에서 징그러운 노인네 취급을 받으며 구석에 몰리는 신세가 되었기 때문이다. 하지만 수년 동안 모시핏은 내가 선택한 분노 치유법이었다.

아무 생각 없이 즐기기만 한다면 섹스 또한 치유적이다. 오르가슴을 위한 오르가슴. 오르가슴은 근육의 긴장을 풀어주고 두통을 줄여준다. 지속되는 동안만큼은 스트레스를 없애준다. 일을 하지 않아도 누릴 수 있는 배출구가 있는 것은 꽤 근사한 일이다. 섹스 파트너를 가져야 하는 전적인 이유다. 노력할 필요가 없다. 섹스가 가능할 정도로 당신이 매력적이고 안전하다 느낄 수만 있다면 된다. 제대로 된 섹스는 세상에 받아들여진 듯한 느낌을 선사해준다.

사랑과는 다르다. 상류계급에서는 한순간의 불장난이라 여겨질지 모르겠지만 내가 사는 이곳에서는 스트레스 해소다. 사랑도, 할리우드 로맨스 흉내도, 장기적 헌신이라는 환상도 요구되지 않는다. 손에 닿는 아무나와 관계를 갖는 것도 아니지만 반한 사람과 으레 사랑에 빠지리라 예상하지도 않는다. 그저,

한동안 즐거움을 느끼기 때문에 좋은 것이다. 그게 다.

나나 다수의 내 친구들이 단지 정신적 스트레스를 해소하기 위해서 약을 먹는 것은 아니다. 적어도 내게는 신체적 통증을 관리한다는 의미도 있다. 내가 하루에 이부프로펜을 몇 알이나 먹는지 신경 쓰지 않게 된 지가 꽤 됐다. 적정 복용량보다 많이 먹는 것은 확실하다. 심지어 위험할 정도일 수도 있다. 마약류가 아닐 뿐, 나는 툭하면 알약을 까먹는 그런 사람이다. 나의 하루는 이부프로펜과 감기약으로 시작된다. 풀이든 나무든 자연 근처에만 있으면 부비동 두통이 생기고, 턱은 미칠 정도로 끊임없이 아프기 때문이다. 에너지를 위해서는 비타민 B12를, 질병 예방의 차원으로는 비타민 C를 복용한다. 두어 시간이 흐르고 이부프로펜의 약효가 떨어지기 시작하면 몇 알을 더 먹는다. 필요할 때마다 반복한다. 거기 더해 커피 한 사발을 마시고 통증 관리를 위해서 오후에는 죄책감을 느끼며 나프록센 제제로 갈아타고, 종류에 상관없이 그때그때 손에 닿는 담배를 피운다. 정말 잠을 푹 자야만 할 때는 이름에 '저녁용'이라는 말이 붙은 약을 아무거나 먹는다. 통증이 정말 심하면(나처럼 등이나 치아에 심각한 문제가 있는 사람들은 종종 겪는 일이다) 알코올이나 마약성 진통제를 복용할 때도 있다. 여러분, 의료보험제도 밖에 사는 사람들의 통증관리란 이렇습니다.

기적적으로 나는 아직 죽지 않았고 내가 아는 한 간도 아직 망가지지 않고 버티고 있다. 남편은 건강한 집안의 후손이다. 응급상황에 대비해 아마 아스피린 한 병을 구비하고 있을까 말

까 한 그런 집안 말이다. 남편은 나의 어마어마한 약 복용량에
경악했다. 너무나 놀란 나머지 내게 한동안 아무 약도 먹지 않
고 깨끗한 몸으로 새로 시작할 수 있는지 보자고 부탁을 했을
정도였다. 남편의 부탁을 따른 며칠 후 나는 너무 숨을 많이 쉬
지 않으려고 애쓰다 자리보전을 하게 됐다. 움직이면 두통이 심
해졌기 때문이다. 남편은 다시는 왈가왈부하지 않았다.

만성적 통증을 실제로 낫게 하려면 최소한 내가 삶을 사는
방식에 변화를 주어야 한다는 것은 알고 있다. 하지만 그게 가
능한 적이 한 번도 없었다. 잘 자고, 물을 많이 마시고, 균형 잡
힌 식사를 하는 것이 중요하다는 것쯤은 〈세서미 스트리트*Sesame*
Street■〉를 보는 어린애라도 알 것이다. 나는 물은 많이 마신다.
보증할 수 있다. 하지만 다른 두 가지는 조금 힘들다. 대체로 불
가능한 건 아니지만.

나를 힘들게 하는 또 하나는 균형 잡힌 식사이다. 나는 지
난 여러 해 동안 일터에서 팔 수 없게 된 것 중 그나마 가장 신
선한 음식으로 끼니로 때우며 살고 있다. 어떨 때는 소고기, 어
떨 때는 닭고기였다. 정말 허기에 시달리지 않으면 집에 와서
저녁을 먹는 일은 없었다. 나는 입에 당기는 음식을 먹었다. 그
러면 기분이 나아지기 때문이다. 슬프게도 건강한 음식은 나를
위로해주지 못했다. 그 점에서는 브라우니 한 판이 더 나았다.

내가 시달리는 문제들은 채소 샐러드 정도로는 해소할 수
없는 골치 아픈 것들이다.

급성 스트레스는 전기가 거의 끊길 지경이 되었건 100만

■ 만 3~5세 아동을 위한 미국 어린이 프로그램으로 40년 이상 방송되고 있다.

달러 계약의 마감이 코앞에 닥쳤건 차이를 두지 않고 닥친다. 사람의 몸은 이유를 구분하지 않는다. 가난한 사람들이 합당한 이유 없이 자기파괴적으로 보이는 방법으로 스트레스를 해소하는 건 건설적인 방법은 모두 돈이 들기 때문이다. 나는 헬스클럽에 가입할 수 없다. 내 속내를 공짜로 들어줄 정신과 의사는 없다. 나는 쇼핑할 돈이 없고 침을 맞거나 마사지를 받는 등 나보다 위쪽 계층 사람들이 스트레스를 해소하기 위해 하는 것들을 할 수 없다. 뭉친 등을 부드럽게 풀어줄 사람에게 줄 돈도 없고 그렇다고 등 때문에 쉴 수도 없다. 일터에서 노동시간을 확보해야 하기 때문이다.

우리의 몸은 성전이 아니다. 성전처럼 가꿀 금전적 여유가 없다. 돈을 받고 다른 사람들에게 내 몸 일부를 가져도 된다고 허락해본 적도 여러 번이다. 20달러에 혈장을 팔려고 침대에 누워서 주위를 관찰한 적이 있다. 소파가 아닌, 병원 침상 위에 사람들이 늘어져 가까운 곳에 설치된 TV를 시청하고 있거나 의료기를 통해 자기 혈액이 분리되는 것을 신기하게 쳐다보는 광경은 현대의 아편굴이 이런 모습이지 않을까 싶었다.

하지만 내가 팔 수 있는 신체 부위의 수는 한계가 있었다. 팔 수 있는 혈액의 양도 마찬가지였다.

수백만 명의 가난한 우리는 이렇게 사는 게 지긋지긋하다. 우리는 기다리고 견뎌왔다. 우리는 살아남았고 앞으로도 그럴 것이다. 인간이란 존재는 정말 놀라울 정도로 회복력이 강하다.

내가 궁금한 건 이거다. 가난한 사람들이 이렇게 산다는 것을 이 나라의 나머지 인간들은 알고 있는데도 그들은 어떻게 아무렇지도 않게 살 수 있는 걸까?

06

섹스에 관해
논해보자

이 장에서는 섹스에 관해 얘기할 계획이라, 나는 내가 이제까지
같이 잤던 모든 사람의 이름을 기억해내려고 애쓰는 중이다. 가
능하지는 않을 것이다. 언제나 술기운 없이 맨정신으로 잤던 건
아니기 때문이다. 나는 섹스가 비도덕적일 수 있다는 생각에 한
번도 동의한 적이 없었다. 신은 나를 인간으로 지었고, 따라서
내가 천사처럼 행동하기를 기대하고 있다고 생각하지 않는다.
천사가 실제로 모범적으로 사는지도 모르겠고. 게다가 나는 다
른 사람과 성기를 비벼대는 것이 어째서 비도덕적인지 진짜 이
해하지 못하겠다. 온갖 사악한 것들이 판치는 이 세상에서, 사람
들이 서로를 기분 좋게 해주는 행위를 딱 집어 정죄할 셈인가.

　가난한 사람은 고립된다. 가난한 사람은 친구나 가족에게
끊임없이 무례하게 굴 수밖에 없다. 얘기할 시간이 없고 같이
어울릴 시간이 없기 때문이다. 무언가를 할 돈이 없다. 생일 선

물을 주고 받을 돈조차 없다. 뭔가 새로운 일이 일어나는 경우는 절대 없다. 결혼하거나 아이가 생겼을 때 외에는 타인과 나눌 만한 새 소식이 없다. 우리는 생존의 요구에 시달리면서 우리의 가장 흥미로운 부분을 잃어버리는 것이다. 내가 최악의 나락으로 떨어졌을 때 너무나 지루한 사람이 되어버리는 바람에 나라도 나와는 같이 놀고 싶지 않겠다고 생각할 정도였다. 대체 무슨 이유로 내가 좋아하는 사람을 굳이 집으로 초대해 나와 함께 벽을 쳐다보고 있게 하겠는가.

내게 섹스란 그러한 문제의 논리적인 해결책이었다. 섹스에는 대화가 요구되지 않고 성격도 문제 되지 않는다. 그저 약간의 기술과 의지, 그리고 그 두 가지를 가진 파트너가 있으면 된다. 무거운 짐짝도 없고 투자도 필요 없는 카타르시스다. 섹스는 그런 면에서 마법 같다. 당신이 여자에게 아름답다고 말해준다면, 당신의 벽을 최대한 허물고 그 말을 건네준다면, 그녀는 당신 말을 믿어주고 마음속에 깊이 간직할 것이다. 당신이 남자에게 당신을 원한다고 말해준다면, 그 점을 아주 뚜렷하게 행동으로 보여주며 그 말을 건네준다면, 그는 당신의 말을 당신보다도 오랫동안 기억할 것이다. 당신 자신은 그런 말을 한 사실을 잊은 후에도 말이다. 거기에 오르가슴과 진한 포옹까지 더해진 게 섹스다. 나는 그보다 더 나은 치유법을 생각해낼 수 없었다.

섹스는 재미있다. 부자들도 재미있고 가난한 사람들도 재미있다. 하지만 섹스를 하는 것이 부자들보다는 가난한 사람들에게 더 중요하다고 내가 생각하는 이유는 다음 두 가지다. (1) 섹스의 화학적 쾌감은 우리가 가진 문제들을 한동안이나마 잊게 해준다. (2) 섹스는 완전히 공짜다.

엔도르핀 분비에 대해 우선 이야기해보자. 내가 얘기하고자 하는 것은 오르가슴이 주는 극적 흥분만이 아니다. 육체적 평온함과 몸에 느껴지는 약간의 쾌락도 중요한 것이다. 경제적인 어려움처럼 사람을 고립시키는 것은 별로 없다. 물론 나도 얘기를 나눌 친구가 있긴 하다. 하지만 생활적인 문제, 예를 들어 미납된 고지서나 고장 난 자동차에 관해 얘기하며 함께 서로를 위하는 동안에도 우리는 감정 자체는 거의 건드리지 않는다. 슬쩍 회피하는 것이다. 오랜 근무를 마치고 집에 오면 남편도 끔찍한 하루를 보냈을 게 확실하다. 그런 우리 둘이 신체적인 평온과 등 근육의 이완을 원한다면, 그건 섹스를 통해서만이 가능한 일이다.

내가 종종 스트레스를 풀고 싶은 이유가 돈이 부족하기 때문임을 고려할 때, 섹스가 공짜라는 것은 근사한 보너스다. 오락이란 원래 돈이 드는 법. 영화나 볼링 등, 착한 사람들이 연애할 때 섹스를 빼고 할 수 있는 그 어떤 것도 우리에겐 모두 사치다. 지갑에 한 푼도 없고 다른 할 수 있는 일이 아무것도 없을 때 섹스는 시간을 죽이기에 정말 좋다. 다른 선택의 여지가 없기 때문에 침대에서 오후를 보낸 적도 여러 번이다. '섹스 빼기 지루함'과 '금욕 더하기 지루함' 중에서 선택해야 한다면 어느 편을 더 선호할지 우리 모두 잘 알고 있다는 게 내 생각이다.

부유한 사람들은 가난한 사람이 다른 가난한 사람과 짝을 지을 때 그 짝이 완벽한 사람이 아닐 수 있다는 사실을 이해하지 못하는 듯하다. 치열이 아주 고른 편이 아니거나, 안정된 직장이 없거나, 세상을 대하는 최상의 자세가 없을 수 있다는 사실을 이해하지 못한다. 그들은 이 세상의 줄리아 로버츠 한 명마다 리처드 기어가 한 명씩 붙어 그녀에게 고상한 지위를 선사하기 위해 대기 중이라고 생각하는 것 같다. 마주치는 사람이 대부분 의류 광고 모델을 할 정도인 경우는 부유한 이들 사이에서나 가능하다. 결혼을 삶의 상승 전략으로 삼는다고? 웃기고 있다. 현실 세계라면 줄리아는 최근 해고당하고 택시를 몰게 된 운전사와 결혼했을 것이다.

따지고 보면 우리는 우리에게 주어진 것 중에서 선택한다. 유명한 지식인과 모델들이 발에 채는 것도 아니고 리처드 기어가 스트립 클럽에 나타나 나를 훌쩍 안아 들고 사라질 일은 당분간은 없다. 따라서 내가 사귀게 될 사람은 나처럼 결점이 있는 사람들이다. 내가 일하는 곳에서 일하고, 쇼핑하는 곳에서 쇼핑하며, 내가 사람들을 만나는 그런 곳에 사람들을 사귀러 온다. 백만장자를 만나 햄튼*으로 가서 오래오래 행복하게 사는 일 따위 일어나지 않는다. 별장은커녕 교외도 어림없다.

그렇다고 우리가 난잡한 것은 아니다. 잠자리를 나눌 만한 인간이 눈에 들어오는 즉시 동물처럼 허리띠를 바로 풀고 발정 나지는 않는다. 우리가 섹스를 하는 이유는 부자들과 같다. 사랑에 빠졌거나, 누군가의 미소가 마음에 들거나, 누군가가 우리를 웃게 해서 좋다는 그런 이유 말이다. 때때로는 귀여운 사람들이기도 하고, 불꽃도 튄다.

---

*
뉴욕 롱아일랜드에 위치한 곳으로 부유한 사람들의 여름 휴양지로도 유명하다.

물론 섹스가 가난한 여자의 추락지라는 진부한 이론도 있다. 상황이 정말 나빠지면 가난한 여자는 팔 거라곤 몸밖에 없다는 것 말이다. 그것이 대부분의 부자들에게는 가난한 사람이 추락할 수 있는 최악의 상황이 아닐까 싶다. 굶어 죽는 것과 함께. 하지만 우리 모두가 섹스를 무언가와 교환하지 않나. 부자들도 마찬가지다. 바윗덩어리만 한 다이아몬드를 손가락에 끼고 지루하고 매력 없는 남편과 사는 여자 한 명한테만 물어봐도 알 수 있을 것이다.

집세가 안 든다는 건, 우정인 관계에 성적인 요소를 더할 수 있는 상당히 좋은 동기다. 살 곳이 필요해진 나에게 장소를 먼저 제공한 후 우리가 섹스하게 될 것임을 넌지시 알려줬던 남자는 한 명만이 아니었다. 힘의 불균형은 아니었다. 그것은 그저 가치 대 가치의 거래에 불과했다. 그 거래가 마음에 들지 않는다면 떠나도 무방했고 뒤탈은 없었다. 단지 장기적 거래가 아닐 뿐, 하루 이틀 정도는 머물렀을 수도 있다. 이것이 화폐로서의 섹스다. 갓 사귀기 시작한 사람과 함께 살면서 생활비를 줄이는 것은 성적이라기보다는 실용적이다. 당신이 다투지 않고 지낼 수 있는 사람을 알게 되었는데 그 사람과 같이 있는 것이 즐겁다면, 그리고 적어도 한두 달은 그러한 관계를 지속할 가능성이 높다면, 그 사람과 함께 사는 것은 당연히 말이 된다. 부끄러운 일이 아니며 부끄러워해서도 안 된다.

나는 일터에서 물물교환으로서의 섹스라는 꽤 불편한 성격의 제안을 여러 번 받은 적 있다. 하지만 내가 그 제안을 수락해야만 한 적은 한 번도 없었다. 그만두거나 해고당하면 그만이었다. 그 당시 나는 어렸고 먹여살릴 아이나 내게 의지하는 친척도 없었다. 나는 운이 좋았다. 그런 제안은 내겐 먹혀들지 않았다. 다른 선택지가 있었기 때문이다.

앞의 이야기가 좀 끔찍하게 들렸겠지만, 모든 상황이 언제나 그런 건 아니다. 상품으로서의 섹스가 모든 경우에서 "옜다, 현금 줄 테니 이제 나랑 자줘"라는 식의 아주 명백하고 공개적인 방식으로 거래되지는 않는다. 때때로 섹스는 등가교환이다. 때때로는 친구 사이에서도 발생한다. 그게 문제라는 생각은 들지 않는다. 섹스는 인간의 욕구이며 그 욕구의 충족에 경제적 가치가 있는 것은 당연하다. 곁가지지만, 혹 심심하다면 자유시장경제를 신봉하는 종교적 보수주의자에게 '시장에 뚜렷한 수요가 존재하는데도 성매매를 제한해야 하는가'라는 질문을 던져보라. 재미있을 것이다.

아무튼, 사람들이 자기 자산을 이용하여 앞서 나가는 것을 질책할 수는 없다. 섹스 산업에 이따금 연루되면서 나는 젖가슴이 실로 마법을 부린다는 것을 확신하게 됐다. 스트립 클럽에서 바텐더로 일할 때 코르셋을 입으면 팁이 더 많이 들어왔다. 코르셋은 평소에는 이성적인 손님마저 원숭이처럼 변하게 만드는 힘이 있었다. 공정하게 말하자면, 팁을 아주 후하게 주는 원숭이였다.

코르셋만 입으면 치아나 체중, 또는 성격의 결함 따위는 문제가 되지 않았다. 남자들은 아주 특정한 종류의 지방이 한데 겹쳐지는 7센티미터 정도의 부위를 보고 싶어했다. 순식간에 멍청이로 변해버렸다.

하지만 진짜 돈은 브래지어를 실제로 벗어던지는 여자들이 벌었다. 물론 상대적 의미에서다. 그녀들은 나보다는 많이 벌었지만 여전히 충분한 금액은 아니었다. 가슴을 드러낸 여자로 부터 1.5미터 반경 안에 현금이 있다면, 그 돈은 그녀의 것이나 마찬가지였다. 그녀가 요청하기만 하면 됐다. 내가 브래지어를 결코 벗지 않은 이유는 단 하나였다. 젖가슴이 크긴 하지만 짝짝이였기 때문이다. 춤을 못 추는 것도 한몫했다. 게다가 그 여자들이 견뎌야 하는 짓들을 보고 있으면 나는 도저히 성질을 죽이지 못하겠다 싶었다. 그래서 꿋꿋이 바 뒤에 머물렀다. 마치 스트리퍼를 좋아하는 것은 그들에게 걸맞지 않은 천한 일이라는 듯, 정말로 성실한 여자들은 스트립 댄스를 추지 않으며 그래서 클럽에 있는 여자 중 내가 가장 좋다는 말을 하던 남자들도 있었다. 그들은 내가 그런 말을 들으면 좋은 인상을 받으리라는 착각을 진심으로 하고 있었다. 실로 놀라웠다. 랩 댄스를 받는 도중에 댄서에게 도덕적인 설교를 하는 남자들도 있다. 그런 남자들은 자기 자신의 도덕적 가치 체계에 갈등을 느끼는 경우로, 그 갈등을 우리 여자들 탓으로 돌리다가, 결국 댄서가 분노를 터뜨리는 엄청나게 재미난 광경을 자아내기도 한다. 이런 경우 랩 댄스 구역에서 먼저 여자가 뛰쳐나오고 남자 또한 똑같이 화를 내며 자리를 뜬다. 여자의 말에 의하면, 남자는 무례하게 굴다가 심각할 정도로 부적절한 댄스 동작을 요구하고는 그녀에게 지옥에 가게 될 거라고 말했단다. 이런 일이 자주 일어나지는 않았지만, 일어나기만 하면 정말 엄청나게 재미가 있었다.

가난한 사람들이 다른 사람들보다 성적으로 더 점잖아야 한다는 주장은 정말 어처구니가 없다. 어느 번쩍번쩍한 바라도 하룻밤의 불장난을 바라는 돈 많은 사람들은 반드시 있을 것이라고 확신한다. 최고급 섹스 클럽들은 부유한 손님들을 상대하는 것도 거의 100퍼센트에 가까운 확신을 갖고 말할 수 있다.

나는 모든 부모가 섹스를 했다는 사실을 사람들에게 상기시키고 싶다. 섹스는 더럽지 않고 비정상적이지도 않다. 수치의 근원이 되어서도 안 된다. 슬프게도 우리 사회는 섹스에 대해 그보다는 좀더 모순된 태도를 보인다. 그리고 왠지는 잘 모르겠지만 일반 대중보다는 가난한 사람들을 대상으로 도덕적 설교를 해댄다.

내가 사는 저소득층 지역에서는 소위 '성 건강 캠페인'이라는 걸 흔히 볼 수 있는데, 주로 우리의 난잡한 성생활에 혀를 차며 금욕을 하자는 내용이다. 자존감, 가치 같은 것을 들먹이며 순결을 지키자는 주장들이다. 그들은 우리의 몸이 반드시 우리 자신의 것이라기보다 선별적으로 타인에게 제공해야 하는 선물임을 당연하게 여긴다. 하지만 우리의 몸은 설사 타인과 나눈다 해도 결국은 우리만의 것이라는 사실은 달라지지 않는다.

우리의 몸은 일터에서는 온종일 꺼둬야 하는 뇌를 담고 있는 몸이다. 치유가 필요할 만큼 중요하지는 않다는 바로 그 몸이다. 그런데 그런 몸에 달린 성기는 그토록 열심히 보호해야 한다니 이게 무슨 말인가. 그런 논리를 난 도무지 이해할 수가 없다.

우리의 두뇌와 노동과 감정은 거의 가치가 없다는 식으로 대놓고 말하면서, 우리의 성기에는 고유의 가치가 존재하니 소중히 지키라는 것은 모순이다. 우리는 싸구려거나, 싸구려가 아니거나 둘 중 하나일 뿐이다.

그 빌어먹을 결정을 하란 말이다.

07

복지기금을 타기 위해
애를 낳는 것은
아니다

나는 내가 부모가 될 거라고 생각한 적이 한 번도 없었다. 제멋대로인 호르몬 탓에 임신은 내게 고려의 대상이 아니었다. 그래서 내가 임신했을 때 다른 사람들만큼이나 나 자신도 매우 놀랐다. 하지만 맏딸을 낳은 후에 나와 남편은 둘째를 원하게 되었다. 아이는 친구가 필요했고, 타인과 나누는 법을 배워야 했고, 부모에게 맞서기 위해 손을 잡을 동지가 필요했다. 몇 살 차이 안 나는 남동생을 둔 남편은 어릴 때 앤디랑 놀면서 너무 좋았다는 소리를 아주 질리도록 해댔다. 외동딸인 내가 떠올린 어린 시절의 소중한 추억은 너무나 외로웠을 때 나무에 앉아 책을 읽은 것이었다. 톰과 나는 우리 아이를 위해서는 남편 쪽의 추억이 더 낫겠다고 판단했다.

그래서인지, 가난한 사람들이 왜 애를 갖는 건지 사람들이 궁금해하는 이유를 나는 이해하지 못한다. 아이를 갖는다는 것은 돈의 문제가 아니다. 사람들은 왜 둘째, 심지어는 셋째까지 낳는 걸까? 그건 자기 가족이 미완성처럼 느껴지기 때문이다. 우리는 아이가 둘이고, 이제 그걸로 됐다. 우리는 다 이루었다고 느낀다. 하지만 둘째가 태어나기 전에는 그런 느낌이 없었다. 그래서 우리는 둘째를 가졌다. 부자들은 왜 아이들을 가질까? 설마 자리에 앉아 통장 잔액을 확인하고 지금이 번식하기에 좋은 때라고 판단하는 건 아닐 것이다. 이와 마찬가지로, 가난한 사람들도 아이를 가지게 된다. 순순히 받아들이자.

하지만 당신들이 그렇게 혀를 차는, 소위 계획되지 않은 임신은 어떤가. 먼저 그 점에 대해, 그리고 피임이라는 주제에 대해 속속들이 이야기해보자. 그 후에는 우리가 아이를 낳고 나서 무엇을 하는지에 관해 얘기하면 될 것이다.

나와 남편이 아이를 갖게 되리라 예상하지 않았다는 것은 이미 말했다. 나 같은 상황에 놓인 사람이라면 으레 운명에 맡기고 피임 자체를 건너뛸 것이다. 하지만 나는 굳건한 신념이 있었다. 1990년대의 여성 영웅들이 내 안에 심어놓은 그 신념은 바로 피임을 원칙으로 삼겠다는 것이었다. 혹시나 해서. 피임은 어떤 의미에서는 페미니스트적 행위였다. 그런데 나는 그게 진저리나게 싫었다.

피임약을 복용하면 내 기분은 롤러코스터를 탔다. 생리 주기는 순조롭게 규칙적이었지만 손을 쓸 수 없을 정도로 엄청난 양의 피가 갑자기 쏟아지기도 했다. 그때마다 나는 피임약 브랜드나 피임 방법을 바꿨지만 또 다른 지옥을 맛볼 따름이었다.

피임약 먹는 것을 한 번만 잊어도, 단 하루만 잊어도 임신할 수 있다는 것을 알고 있는가. 그런 만큼 약을 먹지 않으면 그약이 효과를 보일 확률은 훨씬 낮다. 나는 잘 잊어버리는 사람이다. 아주 순하게 표현하면 그렇다. 나는 약과 친하지 않았다.

남편은 여자와 자기 시작한 이후 검사를 받은 적이 있었고, 나 또한 같은 상황이었기 때문에 그런 남편하고만 지내게 되면서 신경 쓰기를 그만둬버렸다. 마술적 사고라 해도 좋고, 의사가 애매하게 장담한 걸 무턱대고 믿었다고 해도 좋다. 어쨌든 나는 정상적으로 기능하는 생식기관이 없었기 때문에 임신하게 되리라고는 정말 생각하지 않았다. 미래에 아이를 갖겠다는 생각이 별로 없었다면 아마 훨씬 더 주의를 기울였을 것 같다. 사실 나는 아이를 입양할 수도 있겠다고 생각했다. 우리 둘은 모두 아이가 결혼의 산물인 가정 출신이었고, 그래서 우리도 그런 가정이 될 가능성이 컸다. 우리는 부부로서 아주 즐겁게 살고 있었고 다음 단계로 서둘러 가고 싶은 생각이 전혀 없었다. 하지만 우리가 피임을 건너뛴 것이 미래를 계획하지 않고 운명에 맡겼기 때문은 아니었다.

이렇게 나는 뜻하지 않게 임신을 하게 되었다. 내가 가난하기 때문에 그런 일이 생긴 걸까? 그렇다 할 수도 있겠다. 내게 경제적 여유가 있어 정기적으로 산부인과를 방문할 수 있었다면, 그리고 정신적으로나 육체적으로나 환자에게 고통을 끼치지 않을, 신뢰할 만한 피임법 찾기를 그 의사가 사명으로 삼고 있었다면, 내가 그런 식으로 임신했을 가능성은 거의 없을 것이다. 바로 그것이 이 나라 산부인과의 문제다. 우리는 여자가 임신을 해야만 비로소 여자의 몸에 신경을 쓰는 것 같다.

의료 서비스의 모든 분야가 그러하듯, 가족계획과 관련해 도움을 받을 수 있는지도 소득이 크게 영향을 끼친다. 하지만 내가 주위에서 목격한 바에 의하면, 계획되지 않은 임신의 대부분은 부모가 임신 가능성에 대해 전혀 신경을 쓰지 않아서도 아니었고 피임을 할 방법이 없어서도 아니었다. 그보다는 콘돔이 찢어졌다든가, 경구피임약이 안 들었다든가, 날짜를 잘못 셌다든가 하는 것이 문제였다. 거기 더해 자신은 결코 임신하지 못하리라고 생각하던 나 같은 사람들도 있었다. 그런데 이런 모든 일들은 부자들한테도 많이 일어난다. 순간적으로 기분이 확 당겨 잠시 정신없이 재미를 보고 나니 피임이 전혀 안 된 경우도 있을 것이다. 이 또한 어느 한 집단의 사람들에게만 일어나는 일이라고 우길 사람은 없을 것이다.

나는 가족계획연맹 진료소로 걸어 들어가는 데 아무 거리낌도 없었다. 하지만 내가 아는 많은 여자들 또한 그렇다고는 말할 수 없다. 선동꾼들이 낙태와 연관 짓는 그런 장소에 들어가는 것은 오점으로 남기 때문이다. 나는 시위대와 마주치는 것을 사실 즐긴 편이었다. 그들은 계속 "그럴 필요 없어요"라든가 "당신은 선택권이 있어요" 등의 말을 내게 했다. 태아가 건강한지 확인하려고 초음파검사를 처음 받으러 가족계획연맹 진료소를 찾은 나는 그들이 내 아이의 낙태를 원한다고 착각한 척하며 극도로 분노하는 연기를 펼쳤다. 정말 재미있었다. 누군가를 멋지게 속인 후 5분 후에는 그들도 알아채겠지 생각하며 자리를 뜰 때가 있지 않은가. 나는 시위대에게 그걸 해냈다.

사실, 가족계획에 있어서 나는 그리 나쁜 경험을 한 적이 없다. 적어도 대다수의 가난한 여자들에 비해서는 그랬다. 사람들이 나를 창녀로 생각하건 말건 전혀 개의치 않는 편인 데다 보통 도시 근처에 살아서 진료소들이 그리 멀리 떨어져 있지 않았기 때문이다. 대체로 나는 차가 있었고 현금도 좀 있었다. 하지만 그렇다고 해서 쉽다는 뜻은 아니다. 어림도 없다. 첫째로, 진료비는 예측할 수 없다. 한 달 치 피임약에 10달러를 쓴 적도 있고 50달러를 쓴 적도 있다. 방문하는 진료소의 재정 상태에 따라 달라졌다.

경구피임약 비용은 그저 시작일 뿐이다. 일터에 휴가를 내야 하고, 진료소를 오갈 자동차가 있어야 하며, 그 차에 넣을 기름값도 내야 한다. 시골에서는 가장 가까운 진료소가 몇 시간은 가야 나올 때도 있다. 물론 대다수 동네에는 의사가 있다. 하지만 저소득층을 위한 진료소는 없을 수도 있고, 설사 있다 해도 피임은 지원하지 않을지 모른다. 많은 여자가 자기 동네에서는 피임을 지원받고 싶어하지 않는다. 경구피임약을 먹는 여자들을 걸레라는 식으로 창피를 주는 데 우리 사회가 실로 상당히 성공적이기 때문이다. 피임을 한 이상 그 여자들이 갖고 있을 다른 가치관은 볼 필요도 없다는 듯 말이다. 많은 여자가 약을 먹는 창녀라고 알려지는 것을 수치스러워 할 것이다.

내가 아는 사람 중에 결혼한 지 5년이 된 여자가 있었다. 대학 재학 중이던 그녀와 남편은 아이를 가지고 싶어했다. 단, 지금이 아니라 몇 년 후에 말이다. 그녀는 가족계획연맹 유타 지부를 방문하거나 산부인과 의사에게 피임약을 요구하지는 않는다. 누군가가 그 사실을 알까봐 두렵기 때문이다. 결혼한 부부가 피임 기구나 약을 사용하는 것을 적극 찬성하는 종교가 지배적인 유타 주인데도 말이다. 피임약이 '창녀 알약'과 동의어인

곳에서 사는 게 어떤 것인지 나는 상상도 못 하겠다.

보자. 콘돔이 아주 값비싼 것은 아니다. 그렇다고 공짜인 것도 아니고 대학 캠퍼스처럼 콘돔 상자가 여기저기 설치된 것도 아니다. 당신이 가난하고 라텍스 알레르기가 있다면, 행운을 빈다. 그렇다면 섹스를 할 수 없으니까.

이유가 어떻든(아이를 원했든지 아니면 피임이 실패했든지) 축하한다. 당신은 임신했다. 자, 이제 뭘 해야 할까?

가난한 사람들이 알려주고픈 커다란 비밀이 하나 있다. 아이를 갖는 것이 돈이 든다면, 그것은 당신이 그러기를 원하기 때문이다. '부자들이 통장 잔액을 확인하고 있는' 그 이야기로 돌아가보자. 부자는 대부분 임신도 하기 전에 일단 새 주택이나 새 아파트부터 구하려 든다. 왜냐하면, 집 안에 아기방이 꼭 있어야 하니까. 아기방이 없다면 적어도 두 개나 세 개, 아니 네 개의 침실이 있어야만 한다. 아이들이 방을 함께 써야 하는 것은 너무나 끔찍한 일이니까. 하지만 사실 아이들은 개의치 않는다. 아이들은 자기가 원하는 것이 무엇인지 잘 알고 있다. 아기들은 부모 침실의 서랍 안에서도 행복하다. 형제자매와 같은 방에서 자는 게 익숙한 아이들은 형제와 함께 있어서 행복해한다. 물론 어느 시점에 이르면 공간 문제로 싸우겠지만, 당신의 집이 얼마나 큰지는 상관 없다. 아이들은 어쨌든 공간 문제로 싸울 것이다. 그러니 아이들 때문에 비싼 부동산 투자가 필요하다는 생각은 그저 접어두자.

핵가족 안에서 사생활 보호라는 개념은 사실 상당히 새로운 것이다. 부모들은 아이들과 한 침대에서 자곤 했다. 그러면서도 어떻게든지 가족 수를 늘려갔다. 자기 자식들이 곁에서 몸부림치는 와중에도 종을 영속시킬 능력이 우리 인간에게 있다면, 나는 공간을 너무 많이 함께 써야 하는 것에 불평불만하지 않겠다.

자, 이제 아이들에게 진정으로 필요한 기본적인 것들에 관해 이야기해보자. 물론 당신이 원한다면 일회용 기저귀를 사도 되고 자식이 응가를 할 수 있도록 40달러를 내고 맞춤 유기농 면을 한 쪼가리 사도 된다. 아니면 낡은 티셔츠를 찢어 써도 된다. 아이들은 자기 궁둥이에 무엇을 대어놓는지 그리 개의치 않는다. 신경 쓰는 건 우리 부모다. 무엇을 대어놓느냐에 따라 청소를 피할 수도 있기 때문이다. 혐오하는 상표명들이 박힌 중고 티셔츠를 한 장에 25센트씩 주고 사서 찢어놓고 아기가 볼일을 볼 수 있도록 하는 것은 상당히 만족스럽다.

사람들이 '아이들은 돈이 든다'고 할 때 얘기하는 것은 다음 둘 중 하나라고 생각한다. 아이를 가지려면 먼저 손에 넣어야 하는 것이 있지만 너무 구하기 힘든 것, 아니면 사실 아이에게는 전혀 필요하지 않은 것. 나는 임신한 후 육아에 대한 최신 정보를 읽기 시작했다. 그때까지는 전혀 관심을 가져본 적이 없었던 주제에 대해 찾아 읽으며 자주 경악했다. 여성잡지에는 마치 누군가에겐 큰 문제라는 듯, 남이 물려주는 물건을 예의 바르게 거절하는 법에 대한 기사들이 많았다. 물려주는 물건을 거절한다는 개념 자체가 내게는 너무나 괴상한 것이라 어디서부터 손을 대야 할지 모르겠다. 고작해야 두세 달밖에 사용하지 못하는 물건들이다. 게다가 아이들이란 옷가지를 완전히 망쳐놓는 존재 아닌가. 우리 집 둘째는 손에 닿을 만한 것이 아무것도 없는

복지기금을 타기 위해 헤를 낳는 것은 아니다

거실 한가운데 앉아서도 5분 안에 옷에 무언가를 묻힌다. 방 안에 있는지조차 의심되는 물건으로 말이다. 가족사진이나 결혼식을 제외한다면, 공짜로 또는 중고로 얻을 수 있는 상황인데도 대체 무슨 이유로 소매가를 내려는 건가.

아이들이 장난감을 사달라고 애원할 정도로 나이가 들 때까지는(내가 케이블 채널에 가입하지 않는 것이 바로 이 때문이다. 장난감 광고를 안 보면 장난감을 사달라 애원하지도 않는다) 당신이 반드시 지출해야만 하는 기본적 비용은 식비와 의료비뿐이다.

가난한 채로 임신한다는 것이 어떤 것인지는 앞에서 이야기한 바 있지만 내가 빈곤층으로 완전히 전락한 것은 임신한 '후'라는 사실은 기본적으로 변하지 않는다. 어떻게 상황을 헤쳐나갈 것인지 궁리해야 했는데, 내가 생각해낸 것은 이랬다. 어른들이 먹을 수 있는 건 대체로 아이도 거의 먹을 수 있다는 것, 그리고 사춘기가 될 때까지는 어른만큼은 먹지 않는다는 것. 너무나 다행히도, 상황이 나아질 때까지는 WIC가 아이 분유를 대줄 것이었다.

내가 굶주림을 만만히 보는 것은 아니다. 내가 아는 아이들 중엔 굶주리는 아이들이 있었다. 그런 아이들은 예외 없이 집의 경제 상황이 오랫동안 좋지 않았다. 사촌들이나 가까운 친척 지인들이 얹혀살고 있거나, 갑작스러운 병원비 지출이 있거나, 장기적인 실업 상태에 빠진 가정이었다. 굶는 아이들에게는 언제나 실질적인 외부 요인이 존재했다. 별다른 이유 없이 아이들에게 밥을 먹이지 않는 부모는 한 번도 본 적이 없다(그런 부모가 존재한다는 것을 의심하지는 않지만 내가 본 적은 없다. 그런 부모들은 아마 연쇄살인마 정도로 드물 것이고 그만큼 세간의 관심을 받을 것이다). 여기서 핵심은, 아이를 가진 것이 그들 가정에 낙타의 등을 부러뜨린 지푸라기는 아니었다는 것이다.

아이들 자체는 별 부담이 되지 않는다. 다만 아이들이 필요로 하는 것이 아무리 적다고 해도, 두 가정이 가난한 사람 한 명의 소득에 의존해 사는 것이나 한 가정이 아무 소득 없이 사는 것은 불가능하다. 사람들이 언제 닥칠지도 모르는 인생의 모든 내리막길을 예측할 수 있어야 한다는 주장은 어처구니가 없다. 가난하다고 해서 앞이 내다보이는 점쟁이가 되는 것은 아니다. 부자들이 '와, 아마 우리는 언젠가는 험난한 양육권 싸움을 하게 될지도 몰라. 그러니 아이를 가지면 안 될 것 같아'라고 생각하지 않는 것처럼, 가난한 사람들이라고 해서 '와, 아마 제인 이모가 일자리를 잃고 자기네 애들을 다 데리고 와서 우리랑 살아야 할 거 같아'라고 미리 생각하고 아이를 갖지 않기로 결정하지는 않는다. 친척이 얹혀사는 예를 들긴 했지만 질병 등 어떤 종류의 재난도 일어날 수 있다. 내가 말하고자 하는 건 사람들이 특정한 재난을 기준 삼아 인생을 계획하지는 않는다는 것이다. 그렇게 사는 사람들을 우리는 편집증 환자라고 부른다.

그리고 가능한 한 아이들이 굶주리지 않도록 이용할 수 있는 자원들이 있다. WIC를 통해 분유를 구할 수 있고, 아기들이 젖을 뗄 나이가 되면 당신이 먹는 음식을 함께 먹을 수 있게 된다. 이에 대한 비판 또한 들은 적이 있는데, 아이들에게 건강한 음식을 먹일 수 없다면 아이를 가져서는 안 된단다(가난한 아이들이라고 해서 사과나 바나나를 보지 못했을 리는 없으니 그들이 주장하는 건강한 음식은 유기농 케일과 퀴노아뿐인 듯하다). 우리 어른이 먹는 것은 보통 아이들이 먹어도 괜찮다. 적어도 식품 안전을 다루는 사람들에 의하면 그렇다고 한다. 그리고 내가 본 바에 의하면 집에 아이가 있는 사람들은 건강한 식재료를 사는 편이다. 우리 집은 확실히 그렇다. 우리 아이들은 과일을 많이 먹는다. 진짜 많이. 우리 집 세 살배기는 이 세상 온갖 과일에 광적으로 집착한다. 식료품점에 가면 딸아이가 과일을 고르고 우리는 그냥 잘 골랐다고 말해준다. 아이는 치킨 너깃과 감자튀김도 물론 먹지만 입에 달고 살지는 않는다. 대체로 아이는 내가 먹는 샌드위치 약간, 아빠가 먹는 국수, 또는 우리가 만드는 거라면 무엇이든 먹는다.

아이들이 태어나기 전에 나는 과일을 사는 편이 아니었다고 확실히 말할 수 있다. 우리 집 필수 품목인 커피 크림과 우유 외에는 상할 수 있는 음식은 거의 사지 않았다. 그러니, 때때로 가난한 사람들은 아이들 때문에 똑똑한 선택을 한다. 믿거나 말거나.

하지만 굶주림이란, 여전히 현실이다. 나도 겪어보았다. 푸드스탬프 수급자격에서 탈락한 적이 있었는데 서류상으로는 재향군인관리국에서 생활비를 보조받고 있었기 때문이다. 이렇게 말하면 미친 것처럼 들리겠지만 내 말을 끝까지 들어보면 가난해서 복지혜택의 수급자격이 된다는 것이 가난해서 복지혜택을 받는다는 것과 왜 같은 말이 아닌지를(아직도 깨닫지 못하고 있다면) 깨닫게 될 것이다. 앞에서 나는 우리가 재향군인관리국이 약속한 생활비를 보조받지 못하게 되었음을 언급한 적이 있다. 이유는 다음과 같다. 기본적으로 우리는 군 복무자에게 지급되는 GI 빌을 통해 일정 금액의 돈을 받을 자격이 있었다. 대학 측의 서류 오류로 재향군인관리국은 앞에서 언급한 생활비를 우리에게 한 번도 보조해주지 않았다. 그들은 그 사실을 알았고 인정했으며 푸드스탬프 요청을 접수했던 SNAP의 사람들도 이를 알고 있었다. 하지만 우리가 1200달러를 받아야 한다고 정부가 '말했다'는 그 이유만으로 우리는 푸드스탬프 수급자격을 박탈당했다. 관련인들 모두가 그 돈은 서류상 금액에 불과하며 실제로 수령된 적은 없다고 동의했음에도 말이다. 결국 문제가 해결되었지만, 거추장스러운 단계를 하나 더 거쳐야만 했다.

그 일을 생각할 때마다 나는 비참하지 않은 사람은 단 한 명이라도 절대 정부 돈으로 밥을 먹지 못하도록 만반을 기하고자 했던 그 사람들이 행복하길 바란다. 내 남편은 나라를 위해 봉사한 것에 감사하다고 말한 사람들에게서 식료품비 보조를 거부하겠다는 말도 들었는데, 그 모습을 보며 나는 미국의 상황에 대해 확실히 더 나은 기분을 느꼈다. 가난한 사람이 생일에 그럴싸한 스테이크를 부정한 방법으로 먹게 될까봐 아주 아주 겁을 내는 유권자들과 정책 입안자들에게 다음과 같이 감사를 표하고 싶다. 몇 달 동안 인스턴트 라면을 먹게 해줘서 고마워요.

미국의 굶주린 아이들에게 적용할 수 있는 해법이 있다. 누구도 그 해법을 원하는 것 같지는 않지만 그래도 말하겠다. 제발, 사람들에게 음식을 주자. 농부들에게 농사짓지 말라며 돈을 주는 프로그램을 없애고 식품을 재배하게 하자. 농부들이 재배한 그 식품을 사서 학교에서 사용하게 하자. 진짜 일자리를 만들자. SNAP에 재정 지원을 하자. 복지혜택이라는 이름을 접고, 그 내용을 제대로 묘사해주는 이름을 대신 붙이자. 다른 프로그램처럼, 복지혜택이라는 것들도 실제로는 '장려금'이다. 자본주의의 커다란 바퀴를 손수 돌리는 사람들이 괜찮게 살 수 있도록, 기본적 수준에 머물더라도 여전히 어느 정도는 산뜻한 인생을 살 수 있도록 하는 장려금. 그러면 굶주림은 해결된다.

자, 이제 의료 서비스에 관해 이야기해보자. 누가 봐도 어린이들에게 필요한 것이니까. '어린이건강보험'이라 불리는 것이 있다. 이 보험 수급을 위한 소득 기준은 메디케이드처럼 빡빡하지는 않다. 이 보험이 필요한 아이들은 대부분 수급자격이 된다. 아이가 재채기만 해도 의사에게 데려갈 수 있는 그런 혜택은 없지만, 아이가 넘어져 심하게 다쳤거나 체온이 무서울 정도로 치솟으면 간호사에게 전화를 걸 수 있다. 아이들을 응급실에 데려갈 수도 있는데, 소아과 의사에 의하면 급성 질병의 경우엔 어차피 응급실에 가야 한단다. 가난한 부모는 대체로 경미한 증상의 처치법은 알고 있다. 그리고 위급한 상황이 닥치면 아이들은 치료를 받을 것이며, 우리는 보험혜택이 없는 곳에서 일하고 있다는 것을 인지하고 있다.

가난한 사람들이 아이의 건강에 관해 과민하게 촉각을 곤두세울 여력이 없다고 해서 그에 무관심한 것은 아니다. 공원 벤치에 앉아 있던 어느 날이었다. 딸아이가 소리를 째지게 지르며 다가와 무릎에 입을 맞춰서 낫게 해달라고 했다. 어디선가 긁힌 무릎은 보기에만 끔찍한 정도였다.

그래서 나는 아이 무릎에 입을 맞춘 후 다시 가서 놀라고 했다. 소득세 규모가 나오는 다른 것이 명백한 아이 엄마가 와서 소독약을 빌려주랴 물었다. "우린 괜찮아요"라고 내가 말했다. 그러자 그녀는 자기도 아이가 다치는 것에 대해 나처럼 태연할 수 있다면 정말 좋겠다고 말했다. 그녀가 정말 그렇게 생각하는 것인지 아니면 돌려서 나를 비판하는 것인지 확신이 서지 않았다. 전자건 후자건 간에, 나의 뇌는 '무릎이 까졌다고 해서 호들갑 떨지 않기'와 '아이가 다쳐도 태연하기' 사이에 존재하는 거대한 간극을 메우라고 요구하기 시작했다. 그 둘은 다르다. 아주 다르다. 그러니 내가 태연하다고 생각하시는 부자 어머님은 자기 일이나 챙기시라. 그리고 때때로 당신의 어린 공주님 무릎이 까지면 다리라도 부러진 양 법석 떨지 말고 놀고 오라고 놀이터로 다시 보내길.

그게 그들에게 좋은 것이다. 잘 알겠지만.

매일매일의 생존 같은, 우리가 정말로 걱정할 필요가 있는 것에 관한 얘기를 마치면 질문이 바뀌는 것 같다. '당신은 왜 키울 여유도 없으면서 아이를 갖는 건가요'에서 '당신은 왜 내가 인정하는 그 방법대로 아이를 키우지 않는 건가요'로 말이다.

예를 들면, 대학이 있다. 다수의 부자는 가난한 우리를 보며 아이들에게 양질의 교육을 제공할 여력이 없는 것을 역겨워한다. 또는 우리가 가난하기 때문에 그게 당연하다고 생각하고 있을 수도 있다. 전자든 후자든, 우리의 계급적 지위로 인해 아이들이 교육받는 데 부정적 영향을 받는다는 식으로 생각한다는 것을 알고 있다. 우리가 교육에 대해 생각해본 적이 없다거나 계획을 갖고 있지 않은 것처럼 생각하는 것이다. 그렇다면 뉴스 속보: 우리도 한다. 생각도 하고 계획도 세운다. 남편과 나는 우리 부모님을 따라할 것이다. 아이들이 호기심이 왕성하고 독서를 잘하는 사람이 되도록 확실하게 보살필 것이다. 좋은 성적을 받도록 확실하게 돌볼 것이다. 공부를 하게끔 할 것이다. 때가 되면 어떤 종류의 장학금과 장려금을 받을 자격이 되는지 알아보고 아마도 나머지는 대출을 받을 것이다. 이런 내 계획이 어째서 부유한 사람들의 계획과 크게 다르다고 생각하는 건지 도대체 이해가 안 된다. 아, '우린 그냥 우리 돈으로 낼 거예요'라는 수준의 계획이라면 다르기는 하겠지만. 그런데 공립학교에 가는 것이 정말로 세상의 종말을 뜻하는가.

가난한 부모들은 아이들에게 끔찍한 삶의 질을 제공한다는 일종의 편견이 있는 것 같다. 마치 우리 아이들이 자신들의 빈곤을 매일 깊이 의식하기라도 한다는 듯 말이다. 물론 극악한 상황에 빠진 사람들의 아이들이라면 그 상황을 인식할 수밖에 없는 경우도 많다. 하지만 대다수가 돌이킬 수 없는 피해는 아이들에게 끼치지 않으려 아등바등 살아간다. 상황이 언제나 그림처럼 완벽한 것은 아니지만 어차피 나는 그게 가치 있다고 생각하지 않는다. 당신이 나처럼 아이들 방 벽에 무지개를 그려준다면 아이들은 10년은 족히 지나야 그림이 찌그러졌고 확실히 전문가의 작품은 아님을 깨달을 것이다. 당신은 알지도 모른다. 나는 안다. 우리 아이들은? 그 애들은 그 그림이 끝내주게 쌈박한 무지개라고 생각한다.

그래서 나는 아이들이 좋다. 아이들에게는 모든 것이 마법이다. 아이들에게 세상이 아주 멋진 곳이라고 말해주고 때때로 멋진 일이 진짜 생기게끔 해준다면, 아이들은 당신의 그 말을 완전히 따를 것이다. 아이들에게 멋진 것이란, 무지개 벽이나

간지럼 태우기 싸움이나 옷장 속에서 벌이는 술래잡기다. 마이 리틀 포니 인형을 나오는 족족 수집하는 것이 멋지다는 생각 따위는 알려주지 않는 한 품지 않는다. 계급이나 소유물의 상대적 차이 같은 것은 훗날에야 문제가 된다. 우리가 알려주면 그때서야 말이다. 아이들은 사회화가 되기 전에는 자기 옷의 어느 부분이 해졌는지조차 알아채지 못한다. 아이들이 계급 같은 사회적 개념을 그냥 알 수는 없다. 우리는 아이들이 믿어야 한다고 판단하는 것만을 믿게끔 아이들을 키운다. 그리고 대부분의 가난한 사람들처럼 나는 우리 아이들이 지혜롭고 깨어 있는 사람이 되도록 키울 것이다. 어느 순간에는 아이들과 함께 계급이라는 것에 대해 토론할 것이다. 모든 부모가 자기 아이들과 진짜 세상에 대해 토론하는 것과 똑같이 말이다.

내가 말하고자 하는 것은, 우리 아이들은 사랑받고 있으며 아이들도 그 점을 알고 있다는 것이다. 다수의 젊은 여자들이 아이를 갖고자 하는 진짜 이유로 '사랑'을 대는 것을 자주 들었다. 나는 여자들이 일찍 결혼해 아이들을 많이 낳는 문화에서 자랐다. 유타 주에서는 다들 그렇게 산다. 스포츠팀을 꾸릴 만큼 아이를 많이 낳아 번호표 붙인 유니폼을 입힌 걸 실제로 보기도 했다. 내 고향에서는 그런 모습을 귀엽다고 여긴다.

가난한 사람들은 자기들을 무조건적으로 사랑해주는 존재를 원하기 때문에 아이를 가진다는 주장을 들은 적이 있다. 그 말은 그보다 더 깊은 의미를 품고 있는 것 같다. 그런 이유로 엄마가 되고픈 전형적 10대 여자애들은 안전하게 사랑할 수 있는 누군가를, 예측 가능하고 안정적인 관계를 맺고 무슨 일이 있어도 떠나지 않을 누군가를 원하는 것이다. 어린 여자애들이 그런 식으로 느끼는 것은 물론 슬픈 일이다. 그러나 나는 이해할 수 있다. 대체로 어릴 때 결혼해서 일찍 아이를 가지는 유타 주의 젊은 여자들은 '어차피 할 거라면 빨리 어른이 되어 가정을 이루는 게 낫겠다'고 생각할 수도 있다. 아주 현명한 판단일까? 아니다. 하지만 미친 생각도 아니며 비현실적이지도 않다. 아이를 가지는 것을 미뤄도 될 만큼 그들이 아이비리그 대학에서 빛나는 미래를 누릴 리가 없으니까. 그런 미래는 보통 아이비리그 대학 출신인 빛나는 사람들의 자식들을 위해 준비되어 있다. 반면 그들은 자신이 젊고 기력이 있을 때 갓난애를 돌보는 게 낫다고 판단하는 것이다. 그리고 사랑을 함께 나누고 싶어하는 사람들은 출신과는 상관없이 많다.

나를 정말 열 뻗치게 하는 것은 가난한 사람이 아이를 가지면 뭔가 본질적으로 더 이기적이라고 보는 시각이다. 내가 방금 묘사한 바로 그 이유, 즉 자신을 무조건 사랑해줄 누군가가 있어 그 누군가와 함께 모든 것을 품는 사랑을 나누기를 원한다는 이유로 아이를 가지는 부자들도 넘치게 많다. 하지만 왠지 부자들은 그런 식으로 느낀다 해도 마땅하다고 여겨질 뿐, 조롱받지 않는다. 그저 돈이 있다는 이유만으로 말이다. 우리, 같이 솔직해져보자. 부자들이 그러는 것이 덜 이기적이거나 덜 자기중심적인가.

따지고 보면, '베이비 갭'이나 그와 비슷한 의류 브랜드가 소구하는 소비자층이 누군가. 아이가 부모 자신의 작은 복제인간처럼 보이도록 옷을 입히고 싶어하는 이들이 아닌가. 꽈배기 무늬의 브이넥 스웨터 아래 깃 달린 셔츠를 받쳐입고 싶다는 강렬한 소망을 가진 갓난아이는 이 세상에 없다. 그 모습이 아무리 사랑스럽다 해도 말이다. 장담할 수 있다. 사립유치원 입원시험[*] 준비 학원? 아이들의 자존감을 키우는 데는 전혀 도움 되지 않는다. 그러니 자기 자신이라는 브랜드를 연장하기 위해 아이를 가진다는 문제는 어찌 보면 사회 계급을 뛰어넘는 것이다.

진실을 목도하자. 우리는 정부가 주는 다디단 치즈를 위해 번식을 하지는 않는다.

"하지만 복지 때문에 모든 게 괜찮다며. 당신이 방금 말해놓고는" 하고 말할 사람들이 좀 있을 것이다. 당신이 이제까지 이 책에서 읽은 것만으로 머리를 굴리고 있다면 그런 반발을 할 수 있다는 것도 안다. 하지만 최소한 자기 가족을 굶기지 않을 수 있다고 믿는 것(설사 푸드뱅크와 SNAP을 통해야 한다 해도)과, 그러한 돈을 타내기 위해 아이를 갖겠다고 적극적으로 결정하는 것은 완전히 다른 문제다.

오케이, 간단하게 설명하겠다. 복지는 하나가 아니다. 한 가지가 아니라 여러 가지로 구성되어 있다는 뜻이다. 이런 여러 가지 복지는 각기 특유의 자격 요건이 있다. 자격 요건을 갖추는 게 어렵지 않은 것들도 몇 가지 있다. 상대적으로 볼 때 그렇다는 거지만. 배를 곯고 있다면 SNAP이나 푸드뱅크의 도움을 받을 자격 조건이 쉽게 된다. 실제로 도움을 받을 수 있는지

[*] 미국 상류층이 다니는 고급 사립유치원은 입원시험을 치르는 곳들이 있는데, 최상류층이 아닌 경우 원한다고 해서 시험을 볼 수 있는 것은 아니다. 유치원 측이 보기에 적합한 인물의 추천을 받아야 유치원에서 만나주며, 시험을 보기에 앞서 부모 면접도 치른다. 미국에서도 일반적인 일은 아니다.

는 확실하지 않지만 그건 또 다른 문제다. 중요한 것은 식품 관련 복지는 오로지 식품에만 적용된다는 것이다. 복지카드는 승인되지 않은 다른 지출은 어떤 것도 막아버린다. 현금이나 ATM 출금 종류의 복지, 즉 월세와 자동차 기름값, 수도세, 옷값으로 사용할 수 있는 돈이 수급 조건을 충족시키기란 실질적으로 거의 불가능하다. 그런 복지를 받기 위해서는 아주 많은 단계를 더 거쳐야 한다. 현금 혜택은 일이나 구직 활동, 직업 훈련 또는 주 정부를 위한 노동이라는 조건으로 묶여 있다.

현금 혜택을 받기 위해 번식을 할 정도로 당신이 필사적이라면, 당신은 사실상 정부가 당신에게 풀타임 일자리를 줘야만 할 정도로 가난해지기 위해 아이를 갖는 셈이라 할 수 있다. 아이가 있어서 돈을 더 받는다고 다들 말하는 이유는 우리가 받을 혜택이 소득뿐 아니라 가족 구성원 수에 의해서 결정이 되기 때문이다. 따라서 혜택이 지속적인 소득이 되려면 소득을 줄이고 (또는) 가족 구성원 수를 충분히 늘리는 것이다. 하지만 이렇게 하며 돈을 받는 사람은 내 생각엔 정말 드물다. 몇 초만 생각해본다면 혜택을 받기 위해 이런 일을 한다는 생각 자체가 얼마나 말이 안 되는지 알 수 있을 것이다. 병원에서 주는 밥을 먹기 위해 입원하려고 다리를 부러뜨리는 것과 다를 바가 없다.

나 또한 정부가 주는 다디단 치즈를 위해 아이를 갖는다는 농담을 솔직히 한두 번은 했다. 인정한다. 하지만 당연히 농담이었다. 세상에 멍청한 사람이 많다는 것쯤 안다. 나도 그렇게 생각한다. 멍청한 부자들이 있고 멍청한 가난한 사람들이 있다. 그 멍청한 부자들은 복지수급의 여왕들이 토끼처럼 번식한다고 생각한다. 물론 '아이 1호'를 낳고서도 아이란 존재가 엄청난 골칫덩이임을 깨닫지 못하는 사람들도 있을 것이다. 그런 멍청이 중 몇 명은 아이를 하나 더 낳음으로써 쉽게 돈을 벌 수 있다고 생각할지도 모르겠다. 하지만 그렇게 멍청한 가난뱅이는 멍청한 부자들이 생각하는 것보다 그 수가 훨씬 적다고 나는 주장한다. '훨씬 적다'는 것은, 그런 짓을 하는 가난한 사람은 통계적으로 그다지 의미가 없을 정도로 그 수가 미미하다는 뜻이다. 증명할 수 있냐고? 없다. 하지만 그렇게 치면 공짜 점심을 먹기 위해 사람들이 다리를 부러뜨리지는 않는다는 것도 증명할 수 없다.

　복지기금을 타기 위해 아이를 가지는 경우가 가능하다고 생각하는 사람들이 존재한다는 자체를 이해하지 못하겠다. 자기 아이가 없어서일까? 아이가 뚜렷한 이유 없이 밤새 울어젖혀도 그냥 무시하고 잘 수 있던 걸까? 아니면 그저 그 기억을 지워버린 걸까? 무슨 말이냐면, 내가 아이를 한 명 가짐으로써 1년에 수만 달러를 받을 수 있다면, 뭐, 그렇다면 고려해볼 가치가 있을 수도 있다. 하지만 생기는 돈은 기껏해야 몇천 달러, 그 외엔 소득이 없어야 하고 여전히 이렇게 필사적으로 살아야 한다면? 뭐, 그렇다면 그 거래는 사양이다.

　누군가가 돈만을 위해 아이를 가진다는 생각을 받아들이려면, 그런 사람은 아이를 아이가 아닌 물품으로 본다는 전제가 성립해야 한다. 그보다는 조금 더 온화한 가설은 가난한 사람들은 아이를 방치한다는 것이다. 하지만 부자인 사람들이 방치라 보는 것은 상당히 피상적인 것들로, 내게는 그저 취향의 차이에 지나지 않는다. 우리 아이들은 때때로 얼굴이 더럽다. 외출하거나 집에 손님이 올 때가 아니면 남편도 나도 아이들 얼굴에 티

하나 없도록 하는 것에 그리 신경 쓰지 않는다. 우리 아이들은 둘 다 목욕을 정말 좋아해서 대체로 꽤 깨끗한 편이지만 얼굴과 손은 별개 문제다. 내가 아는 사람들 대부분이 그렇다. 꼬마 녀석들을 뒤쫓아다니며 손을 깨끗이 유지하라고 요구할 시간도 기력도 우리에겐 없다. 도저히 못 한다. 아이들은 어리다. 잔디밭보다 진흙탕에서 노는 것을 더 좋아해야 하는 나이다.

이렇게 말하는 나도 아이들이 더러운 모습으로 집을 나선다면 아주 싫을 것이다. 밖에 밝히지만 않을 뿐, 대부분의 사람이 나 같을 거라고 생각한다. 집에서는 좀더 늘어져 있고 싶은 것이다. 그런 성향이 당신의 실질적 육아 기술을 말해준다고는 생각하지 않는다. 아무도 보고 있지 않을 때 아이들의 얼굴 상태가 당신에게 강박장애의 경향이 있는지 없는지에 대한 명백한 지표는 될 수 있겠다.

육아에 기준이 없다는 말을 하려는 건 아니다. 그저 느슨해질 필요가 있는 사람들도 있다는 것이다. 그리고 물론 절대 넘어서는 안 되는 선이 있다. 약간 느슨한 부모가 있고 또한 누가 봐도 끔찍한 부모가 있다. 걱정할 필요는 없다. 월마트에서 목청을 최대치로 높여 아이들에게 공허한 협박을 내지르는 사람들은 가난한 사람들이라도 용납하지 않는다.

그러나 흘겨보기만 해도 깨질지 모르는 소중한 도자기인양 자기 아이를 대하지 않는다는 이유로 부유한 사람들이 그들의 육아법을 깔보는 것은 방향이 약간 틀렸다고 생각한다. 나는 흥미롭고 호기심을 유발하는 경험으로 가득 찬, 상냥한 세상에 맞게 아이들을 준비시키지 않는다. 어떤 멍청이로부터 이래라저래라 잔소리를 들어도 가만히 입을 닥치고 있을 수 있도록 아이들을 준비시킨다. 나는 아이들이 자기 직업으로 자신을 규정할 수 없다 해도 자기중심을 잃지 않도록 준비시키고 있다. 왜냐하면 우리 아이들은(의사와 법률가와 은행원과는 달리) 그러고싶어하지 않을 가능성이 아주 높기 때문이다. 나는 아이들이 힘겹게 살면서도 열심히 싸우며 헤쳐나가고 행복을 추구하는 사람이 되도록 준비시키고 있다.

사람들이 나쁜 육아라고 생각하는 많은 것들이 사실은 아이들에게 다른 종류의 기대를 하고 있다는 뜻일 뿐이라고 생각한다. 부유한 집 아이들의 뇌를 고된 단순노동을 위해 훈련시키는 것은 의미가 없을 것이다. 일에서 성취감을 찾으라며 가난한집 아이들을 준비시키는 것도 그다지 의미가 없다. 성취감을 느끼게 된다면 너무나도 멋진 일일 테지만 확률상 가난한 집 아이들은 좋은 일보다는 좀비 같은 일을 더 하게 될 것이다.

나는 아이들에게 호기심을 가지라고, 자신을 위해 배우라고 가르칠 것이다. 배운다는 것은 흥미를 돋우는 것을 찾아내온 정신을 집중한다는 점에서 그 자체만으로 너무나 멋진 일이기 때문이다. 하지만 나는 배우고 생각하는 것은 노동계급에게는 취미에 불과하며 아이들이 진짜 세상을 만날 준비를 하는 것이 최선이라고 생각한다. 그들의 삶이 어떻게 될지는 아무도 모른다. 최악의 상황을 머릿속에서 지워버릴 수 있는 사람들이 가장 행복한 사람들이다.

만딸을 낳고 병원에 있을 때 나는 관련 기관의 방문을 여러 번받았다. 산전관리를 받은 적이 없었기 때문이다. 그들은 '당신

바보지'라는 뉘앙스의 주제 넘은 질문들을 했다. 질문들은 하나같이 나를 부모에 적합하지 않은 사람으로 보이게 하려고 고안된 것 같았다. 그중 하나가 "직업이 있습니까"였고 나의 대답은 "지금은 없어요"였다(진실이었다. 출산 직전에 나는 일을 그만두었고 출산 후 2주 동안은 일자리를 찾을 생각이 없었다). "임시거주지가 아닌 영구거주지가 있습니까"란 질문에 대한 내 대답은 이번에도 "없어요"였다(아파트가 물에 잠겨서 집주인과 다투고 있을 때였다). 이외에도 나는 최종학력에 대한 질문을 받았고(대학 중퇴다) 심지어 우리 가족 중에 정신병 진단을 받은 사람이 있느냐는 질문까지 받았다. 거짓말이 아니다. 이런 일을 겪으면서 딸을 집에 데리고 가지 못하리라 상당히 확신했다. 다행히 나는 총탄을 막아냈다. 딸아이는 건강했고, 보험도 없이 임신한 여자가 지난 100년 동안 내가 처음은 아니었던 것이다.

우리 이웃 한 명은 직장에서 시간을 '너무 많이' 보낸다는 이유로 조사를 받았다. 그들은 내게 했던 종류의 질문들, 즉 잘못을 잡아내려는 의도로 고안된 질문들을 했다. 집 밖에 머무르는 시간이 몇 시간인지, 노동시간을 줄일 생각은 해보았는지 등등. 이웃에 의하면 그들은 조사 내내 결혼에 관해 얘기를 많이 했단다. 그녀와 남자친구를 영구히 짝짓게 하는 것이 일종의 만병통치약인 것처럼 말이다(그는 쓸모없는 남자였고 적어도 내 관점에서는 그녀에게 일종의 돈 낭비 같은 존재였다). 조사 기간 내내 그녀가 일을 너무 많이 한다며 관련 기관이 하도 비판을 한 탓에 그녀는 베이비시터를 들일까 생각하고 있었다. 그녀가 베이비시터를 고용할 정도로 부유하다면 집 밖에서 오래 머무는지 아닌지는 상관이 없다는 뜻이 아니겠는가. 충분한 임금을 받

고 있지 못하다는 바로 그 이유만으로 그녀는 그들을 상대해야
했다.

내가 아는 사람 중에 홀로 두 딸을 키우던 남자가 있다. 두
딸 중 한 명은 말썽쟁이가 되기로 결심했다. 학교에서 싸움을
일으키고 냉장고에서 맥주를 훔쳐(물론 교내에서) 친구들에게
주기도 하면서 대체로 아빠에게 엄청난 골칫거리였다. 나는 그
아이를 진정으로 탓했던 사람은 없었다고 생각한다. 열세 살 나
이에 엄마가 없다는 것은 쉽지 않은 일인 데다 엄마가 죽은 지
오래되지도 않았던 것이다. 부잣집 아이였다면 평소보다 배려
와 관심을 더 받았을 상황이라는 게 내 생각이다. 상담이라도
받게 하지 않았을까? 대신 그들은 미성년자 비행에 일조했다며
아빠를 감옥에 보냈다. 말할 필요도 없이, 그는 아이들을 잃었
다. 이후 그는 아이들의 양육권을 되찾기 위해 버는 돈을 모두
쏟아붓고 있다.

이들이 아이들을 빼앗겨도 할 말이 없는 무책임한 부모들
인가. 또는 그런 위협을 마땅히 계속 느껴야 할 사람들인가. 그
렇지 않다. 그저 자기 아이들을 사랑하고 제한된 자원으로 아이
들을 위해 최선을 다하고 있는 가난한 사람들일 뿐이다. 그러니
가난한 사람들이 무책임한 부모라는 말은 이제 멈추자. 가난한
사람은 부모가 될 자격도 없다는 식의 사회적 편견이 있음을 인
정하자.

아이를 잃기 매우 쉽다는 점을 감안하면, 가난한 사람들이
권력기관과 부딪치는 것을 가급적 피하려 드는 것은 놀랍지 않
다. 우리는 자신의 방어력이 얼마나 형편없는지 알게 되었기에
그저 거리를 두고 멀리 떨어져 산다. 그런데, 대부분 아이들의

삶에 존재하는 가장 큰 권력기관이 무엇일까? 바로 학교다.

우리 아이들은 아직 어리지만 취학연령이 된 뒤 학교를 상대할 일이 전혀 기다려지지 않는다. 집에서 나와 남편 사이에 오가는 말을 아이들이 듣고 학교에 가 되풀이할까 두렵다. 예를 들어보겠다. 우리는 〈사우스 파크*South Park*〉의 대사를 끊임없이 따라하는 편인데, 캐릭터 중 카트먼이 자기에게 고추털을 속여 판 상급생에게 그 부모의 시체를 먹이는 에피소드가 있다. 딸이 그 에피소드의 대사를 말하는 것을 만약 누군가가 듣고 우리가 아이들에게 식인 행위를 강요하며 복수의 기쁨을 가르치고 있다고 착각한다면. 사회복지부에서 나온 여자가 우리 집 문 앞에 나타나 내 임금 액수와 고용 상태에 대해 묻기 시작한다면. 아이가 실제로 식인 행위를 본 것이 아니라 우리가 만화를 언급하는 것을 오다가다 듣기만 했다는 사실이 과연 참작이 될까?

이 점에서 나는 상대적으로 나은 상황이다. 나는 양질의 교육을 받고 자랐다. 부모 상담을 위해 아이 학교에 가도 어색하게 느낄 필요가 없다. 언어 장벽을 느낄 이유도 없다. 한부모가족의 부모들이 너무나 자주 듣는, "아이에게는 부모님이 집에 계셔줘야 해요"라든가 "이 정도로는 안 돼요. 시간을 더 내지 않으면 좋은 부모가 아니에요" 등의 꾸지람을 들을 필요도 없다.

내가 캘리포니아 주에 살았을 때다. 스페인 어를 쓰는 이웃이 아이 학교에서 온 편지를 읽어달라고 부탁한 적이 있었다. 편지는 인상적인 단어들로 그득했다. '책임' '결과' '필수사항' 같은 단어들 말이다. 이웃은 여러 주 동안 학교 측의 접촉을 피

■

미국 성인 코미디 채널에서 방영하는 만화다.

하는 중이었다. 학교가 벌이는 기금 마련 행사에 필수적으로 참여해야■ 했던 아들이 학교 측이 정한 최소한의 목표를 달성하지 못해 학교 측에 빚을 졌다고 착각하고 있었기 때문이다. 그녀는 돈이 없으니 학교에서 오는 전화를 더 이상 받지 않았다. 그녀가 받은 학교의 편지는 '우리의 상황은 이렇답니다'를 여러 단어로 화려하게 쓴 것에 지나지 않았지만 그녀는 그 편지가 미수금 회수 통지라고 생각했다. 나는 20달러의 빚이 있든 없든 아이는 학교에 다닐 수 있다고 설명하려고 노력했지만 허사였다. 그녀는 나를 믿으려 들지 않았다. 솔직히 고백하자면, 가난한 사람들이 어쩔 수 없이 각종 시스템을 상대하며 괄시받는 모습을 보아온 나 또한 나 자신을 믿을 수가 없었다.

결론은 이렇다. 당신이 소유한 물건들이 얼마나 근사한지에 의해 '아주 똑같은 상황들과 행동들'은 완전히 다르게 취급된다. 아이가 학교에서 싸움에 휘말린다면? 그 아이가 흑인이고 가난하다면 감옥행이다. 아이가 부자고 백인이라면, 사관학교로 보낸다. 당신 딸이 약을 하다 들켰다면? 가난하다면 기소가 될 것이다. 하지만 부자라면 근사한 재활시설에서 필요한 만큼 오랫동안 머물게 될 것이다. 가난한 우리 아이들의 행실이

■ 미국의 학교나 아동 단체는 아이들이 자신의 활동에 필요한 금액을 스스로 모으는 경험을 준다는 취지에서 다양한 방법으로 기금 마련 행사에 참여하는 것을 유도한다. 그러나 취지와 달리 부모들이 직접 물건을 사거나 아이를 대신하여 이웃이나 지인에게 물건을 팔아주는 구조로 변질되었다. 부모가 부유하거나 고위직인 아이들은 부모뿐 아니라 부모의 부하 직원에게까지 물건을 팔아 고액 모금을 하기도 하는데, 예를 들면 자신의 아이가 파는 것이라며 부모가 직접 쿠키 광고지를 휴게실에 붙여놓고 부하 직원의 구매를 독려한다. 합법적으로 상사에게 아부할 수 있는 기회이므로 부하 직원들이 상사의 아이가 파는 쿠키를 몇 통씩 사는 것은 봄철 미국에서 흔히 볼 수 있는 풍경이다. 가난한 부모를 둔 아이들은 부모도 이웃도 가난한 편이므로 무리하지 않고 모금하는 것이 현실적으로 불가능하다. 미국 아이들이 소위 부익부 빈익빈의 비애를 일찌감치 느끼게 되는 것이 바로 이러한 모금 활동을 통해서다.

더 나빠 보이는 유일한 이유는 아이들이 한 짓을 부모가 덮어줄 여력이 없어서다.

제2차 세계대전 동안 미국은 정부 주도하에 탁아시설을 운영했다. 출정한 군인들 뒤에 남은 한부모가족에게 추가 지원이 필요하다는 인식이 통상적이었다. 이건 그저 내 생각에 지나지 않지만, 그걸 다시 할 수도 있다고 본다. 그렇게 하면 육아 위기는 해결된다. 게다가 그건 또 하나의 취업 프로그램이 된다.

나는 가난한 아이들이 부자 아이들과 동일한 기회를 누린다고 말하려는 것이 아니다. 그렇지 않다. 그렇게 말한다면 뻥이다. 하지만 그것과 가난한 사람들이 괜찮은 사람을 길러내는, 사랑 넘치는 괜찮은 부모가 될 수 없다는 것은 다른 얘기다.

게다가 말이다. 우리가 아이를 계속 가지지 않는다면, 훗날 누가 레스토랑에서 일할 거라고 생각하는가. '당신네' 아이들?

08

빈곤은
졸라
돈이 많이 든다

고작 몇백 달러에 픽업트럭 한 대를 몽땅 날린 적이 있다. 트럭을 견인당해 견인 회사에 전화를 걸자 견인비로 200달러 넘게 내란다. 나는 그 돈이 없었다. 그래서 다음에 임금을 받으면 그때 다시 전화를 하겠다고 했다.

그 시절, 차가 없다는 건 정말 어마어마하게 귀찮은 일이었다. 우기에 직장까지 걸어다녀야 했는데 만보계로 재봤다면 하루에 10킬로미터 이상 됐을 것이다. 사실 내 실수로 차가 견인되었기 때문에 나는 자기혐오에 몇 시간씩 소비하곤 했다. 마침 내 급여일이 되어 트럭을 가지러 갔을 때 그들은 내가 차를 찾으려면 1000달러 넘게 내야 한다고 했다. 내 임금의 거의 세 배에 달하는 액수였다. 그들은 보관비로 하루에 몇백 달러씩 부과하고 있던 것이다. 나는 그 정도의 돈은 없으며 구하려야 구할 수도 없다고 했다. 그들은 내게 몇 달 말미를 줄 테니 그때까지의 보관비를 포함해 돈을 가져오라고 했다. 그렇지 않으면 차를 팔아야 한다고 했다. 물론, 견인비와 보관비 외에 남는 돈이 있다면 내게 돌려준단다. 차 값을 그렇게 많이 받을 수 있다면.

그때 나는 일자리 두 개를 뛰고 있었다. 둘 다 파트타임이었다. 둘 중 어느 일터에서도 하루에 100달러를 지급하지는 않았다. 200달러도 어림없었다.

결국 나는 일자리를 모두 잃었다. 남편도 실직했다. 우리는 'A지점'에서 'B지점'으로 필요한 만큼 빠르게 이동할 수 없었고, 홀딱 젖거나 돼지처럼 땀을 뻘뻘 흘리는 모습으로 일터에 늦게 도착했다. 너무 자주 그랬다. 일자리를 잃었을 때 우리는 아파트도 잃었다.

내게는 절대적인 위기가 돈 있는 사람들에게는 그저 귀찮은 일 정도라는 사실은 정말 놀라울 따름이다. 어떤 이유로라도 아파트를 잃을 수 있다. 갑자기 예기치 않은 문제가 생기면 더 복잡한 일이 터질 수 있기 때문이다.

룸메이트가 끔찍한 독감에 걸리는 바람에 아파트를 잃은 적도 있다. 뭔가 더 나쁜 병이 아닐까 의심이 갈 정도로 독감이 영 낫지 않는 바람에 그녀는 일자리를 잃었고, 나는 그녀 몫의 셋돈까지 내줄 수가 없었다. 차가 망가져서 결근했다가 아파트에서 쫓겨난 적도 있었다. 일주일 무급 휴가를 냈는데 한 달 중 나머지 기간의 임금을 회사가 주려 하지 않아 그렇게 된 적도 있다. 냉장고가 망가졌는데 집주인이 고쳐주려 하지 않아 내가 그냥 집을 나온 적도 있다. 월세에 공과금이 포함된 아파트에 살 때 집주인이 일주일 동안 가스 요금을 내지 않아 얼음물로 샤워를 해야 했고 가스레인지를 사용할 수 없었을 때도 집을 나왔다. 우리가 이사를 그토록 자주 하는 것은 이런 이유 때문이다. 이런 일들이 일어난다.

가난한 사람들의 삶은 참으로 불안정해 보이기 때문에 종종 삶을 영위하기에 기본적으로 무능한 것처럼 비친다. 가난하기 때문에 불안정한 것이 아니라 불안정하기에 가난하다는 가정이 통용되는 것이다. 그러니 재정적인 대비책이라고는 없는 상황에서 삶이 통제 불가능한 나락으로 떨어지지 않도록 하는 게 얼마나 불가능한지에 대해 제발 얘기해봤으면 한다. 또한 재정에 대한 조언이라는 게 애초에 돈이 있는 사람들을 위해서만 꾸려진 것은 아닌지도 얘기해보자.

나는 빈곤에 빠진 이들을 위한 책을 읽은 적이 있다. 중간 계급인 사람이 쓴 그 책은 실생활에서 한푼 두푼 아끼기에 관한 팁을 담고 있었다. 아주 근사한 조언들이었다. 물건을 대량으로 살 것, 세일이 있을 때 많이 살 것, 가능하면 모든 것을 손빨래 할 것, 자동차와 실내 공기필터를 꾸준히 관리할 것 등등.

물론, 그 근사한 조언 중 실제로 실용성이 있는 것은 거의 없다. 대량구매는 저렴한 편이긴 하지만 아직 필요하지 않은 물건에 돈을 많이 써야 함을 의미한다. 손빨래를 하면 전기나 수도 요금이 절약되지만 그럴 시간적 여유가 있는 사람은 아무도 없다. 물건이 다 닳기 전에 교체할 수 있는 돈이 내게 있다면 자동차 관리 따위는 별문제가 아닐 테지만, 싸구려 필터는 헹궈서 계속 사용할 수는 없다. 좋은 품질의 물건은 처음 살 때 돈이 든다. 장기적으로 보면 좋은 토스터기를 사는 것이 훨씬 더 현명하다. 하지만 그 좋은 토스터기라는 것이 지금 30달러고 제일 후진 토스터기가 10달러라면, 얼마나 자주 토스터기를 교체해야 하는지는 문제가 되지 않는다. 10달러짜리가 답이다. 왜냐하면 난 10달러밖에 없으니까.

돈을 아끼기 위해서 사실은 돈이 더 드는 것이다.

심지어 가난한 사람은 자기 돈에 손을 댈 때도 돈이 든다. 월마트가 하층계급 사람들에게 그렇게 인기를 끄는 것은 임금 수표를 현금화하는 수수료가 3달러밖에 안 하기 때문이기도 하다. 3달러면 끝이다. 그 수수료를 제하고 내가 모두 가져갈 수 있다. 반면 은행은 엄청난 골칫거리다. 실로 나는 은행을 경멸한다. 1000개의 태양이 내뿜는 화력 수준의 분노는 아니지만, 은행에 가는 것을 절대로 즐기지 않는다. 그들은 오로지 내 돈을 가져가기 위해서만 존재하는 것처럼 보인다. 듣기로는 부유한 사람들은 모든 것에 다 수수료를 낼 필요가 없단다. 하지만 가난한 사람이 은행에 넣을 돈이 별로 없어 그 은행이 요구하는 최소 저축액보다 계좌 잔액이 적어지면, 자기 돈을 인출할 때도 돈을 내야 한다.

은행은 내게는 무용지물이다. 잔액이 적을 땐 그저 나를 징벌하기 위해 돈을 더 가져간 후 그것도 모자라 25달러를 더 부과한다■. 내게서 돈을 가져가면 내 통장이 마이너스 잔액이 되

■ 신용카드가 활성화된 지금은 사용이 많이 줄었지만 미국의 개인과 회사는 체크(Check)라 하여 현금이 아닌 당좌수표를 지급 수단으로 이용해왔다. 이 수표는 자기앞수표와 달리 특정 대상을 지정하여 발행되며, 수령자가 은행이나 기타 기관에서 현금화를 신청하면 2~3일 후 수표 발행인의 계좌에서 현금으로 지급되어 받을 수 있다. 당좌수표를 이용하기 위해서는 당좌계좌(Check Account)를 개설해야 한다. 저축용 계좌가 아니므로 수수료를 징수하는데, 일정 잔액을 유지하면 수수료를 면제시켜주기도 한다. 수표 발행인이 계좌 잔액보다 높은 금액의 수표를 발행하여 부도 수표가 발생하면 은행은 벌금을 부과한다. 이 책에서 예를 든 경우는 당좌계좌를 가진 린다 티라도가 수수료를 면제해주는 금액보다 낮은 잔액을 보유하자 은행에서 관리 수수료를 떼어가고, 그 수수료를 떼어가자 계좌 잔고가 0달러 밑으로 떨어져서 벌금까지 부과한 것으로 추측할 수 있다.

어버리기 때문이다. 은행이 그렇게 가져가는 돈을 다 합치면 다음 임금의 거의 10퍼센트가 이미 사라져버린다. 게다가 은행들은 대체로 우리가 사는 동네에서 멀찍이 떨어져 있다. 가난한 사람들이 사는 곳에는 은행을 두지 않기 때문이다. 일이 끝나고 은행에 도착할 즈음이면 어김없이 은행 문이 닫힐 시간이고 내 잔액을 확인한 은행원들은 으레 거만함이 밴 공손한 자세를 취하기 시작한다.

나는 은행 계좌가 없는데, 이유는 하나다. 내가 피해망상이 있기 때문이다. 나는 내 돈, 내게 남아 있는 돈은 언제나 가까이 두고 싶다. 그렇지 않으면 누군가가 가져갈지도 모른다. 사장이 입금한 돈을 바로 인출할 수 있다는 바로 그 이유만으로 은행 계좌를 가지고 있던 적이 있다. 하지만 임금지급용 선금카드가 나온 이후 은행은 내게는 그다지 필요한 존재가 아니게 되었다. 그들은 카드를 만들 때 수수료로 10달러를 받고 매달 수수료로 5달러를 떼어간다. 그걸로 끝이다.

은행이란 곳이 대출을 받을 수 있고 내가 돈을 넣으면 영원히 간직해주며, 내 신용도도 올려줄 수 있는 그런 곳이라는 것은 알지만, 나는 어차피 고액대출을 받는 사람도 아니고 아무 데나 넣어놔도 될 현금 따위도 없기 때문에 은행이 그리 도움이 되지는 않는다. 게다가 난 은행에서 소액대출도 받지 못한다.

가난한 사람들이 미친 이자율로 돈을 꾸는 이유가 바로 그것이다. 자동차 냉각 펌프가 망가져도, 우리는 신용등급에 상관없이 은행에서 300달러짜리 대출을 받을 수 없다. 그래서 다음 임금을 받을 때까지는 현실적으로 극복할 수 없는 소소하지만 긴급한 상황이 발생하면, 보통 세 가지의 선택권이 있다. 단기소액대출을 받거나, 친구에게 빌리거나, 아무것도 안 하거나. 친구들 또한 언제나 풍족한 편은 아니기 때문에 결국 나의 선택권은 두 가지로 좁혀진다. 손을 보든지, 말든지. 시골이나 대중교통이 잘 갖춰져 있지 않던 도시에 살았던 시절, 망가진 차를 손본다는 것은 보통 단기소액대출을 받는다는 뜻이었다.

나는 단기소액대부업체들을 생각하면 마음이 좀 쓰리다. 소규모로 운영되는 그 업체들은 모든 이들의 분노의 대상이다. 그런 곳이 일하는 방식은 상당히 단순하다. 일단 돈을 빌리고자 하는 이는 담보를 제공해야 하는데, 앞수표 또는 자동차등록증이 있으면 가능하다. 개중 괜찮은 업체는 담보 제공을 요구하지 않지만 대신 소득에 대한 서류를 더 많이 제출해야 하고 지인을 잔뜩 적은 목록도 제공해야 한다. 그들이 지인 한 명 한 명에게 모두 전화를 걸어 대출신청인이 제공한 정보가 모두 확인되면 신청인은 대출을 받게 된다.

대출이 가능하다고 결정나면 신청인은 보통 100~1000달러를 빌릴 수 있고 그 돈에 날강도 수준의 이자를 내게 된다. 연이율이 수백 퍼센트다. 하지만 대출 기간이 아주 짧기 때문에 현실에서는 상대적으로 소액이다. 다음 임금을 받았을 때 대출을 갚을 수 있다면 별문제 없이 끝난다.

하지만 사람들이 이 업체들에게 분노하는 이유는 그런 결말이 통상적이지 않기 때문이다. 대부분의 사람은 다음 급여일에도 빚을 완전히 갚을 수 없기에 대출을 연장한다. 그러다가 그들은 수렁에 빠지게 되고, 결론적으로 말하면 돈을 한번 사용한 대가로 빚을 다 갚을 때까지 그 사용료를 주기적으로 계속 내는 것이다. 이보다 더 나쁜 결말은 빚을 갚기 전에 무슨 일이 또 생겨 그 일을 처리하려고 대출을 또 받아야 하는 상황이다. 그 경우 사람들은 같은 업체를 이용할 수 없기 때문에 대부업체 두 곳에 빚을 지게 된다.

업체들은 대출을 회수할 때 무자비하다. 함께 일하는 직원 중 빚을 갚지 못하는 사람이 있을 때면, 전화 받기가 두렵다. 그들은 끊임없이 전화를 한다. 몇 년이라도 계속한다. 그러는 동안 연이율 400퍼센트면 분명 고리대금이다.

당연히 나는 그런 업체들을 온 마음으로 반대해야 할 것이다. 그렇지 않나. 하지만 현실은 그렇지 않다. 그들은 가난한 사람들이 목적을 달성하는 데 도움을 주는, 아무도 안 하는 일을 하기 때문이다. 나는 단기소액대출을 연이율 중심으로 보지 않는다. 우리가 일주일 동안 100달러를 빌려야 할 때 드는 돈은 15달러다. 이런 업체들이 약자들을 악용할까? 물론이다. 동일한 약자들을 악용하는 은행들보다 그들이 덜 도덕적일까? 아마 아닐 것이다. 더구나 은행 새끼들은 나를 빠듯한 상황에서 구해준 적이 한 번도 없다. 단기소액대부업체들은 따져보면 악마의 제국이 맞기는 하지만 진정한 수요가 존재하는 틈새시장을 현실적으로 채워준다. 나는 앞에서 언급한 냉각 펌프 일화에서 단기소액대출을 이용해보았고, 하필 감봉을 감당할 수 없는 주에 독감에 걸려 3일 동안 일을 못 했을 때 이용한 적도 있다. 남편의 생일이 급여일 이틀 전이라 대출을 받은 적도 있다. 교대근무를 더 했던 터라 돈을 쓰는 것은 가능했다. 임금을 받은 후로 축하를 미루는 것도 고려해보았지만 그의 생일은 우리가 둘 다 근무가 없는, 평균적인 한 주라면 거의 불가능에 가까운 상황이었다. 우리 둘 다 몇 달 전에 미리 신청을 해두었고, 그래서 나는 추가 근무를 신청해야 할 날짜를 계산하여 기억하는 등의 수고까지는 하지 않았다. 대출 이자 15달러는 그 값을 아주 톡톡히 했다.

어딘가의 누군가에게는 어느 시점에 이런 대출을 이용할 일이 생길 수밖에 없다는 것이 내 생각이다. 단기소액대부업체가 너무나 많은 것은 모든 것이 완벽하게 진척되지 않는 한 자기 임금만으로는 다음 급여일까지 도저히 버틸 수 없는 사람들이 너무나 많기 때문이다. 한 주 한 주가 완벽한 사람들은 이틀 동안 화장실 휴지로 사용하던 종이냅킨마저 다 떨어져서 새벽 세 시에 월마트에 가 수표를 현금화해본 적이 없다. 그런 사람들은 일을 처리할 때 덜 거지 같은 방법을 찾을 것이다. 언젠가는 누군가가 수수료를 소액만 부과하는 비영리은행을 설립할 수도 있겠지만, 지금 우리는 수수료를 내야 한다.

나는 가구대여업이 단기소액대출과 비슷하다고 생각한다. 가난한 사람들이 소매가격보다 더 높은 가격으로 좋은 것을 사용할 수 있게 해주는 사업이기 때문이다. 가구를 빌리는 방법은 간단하다. 한 번에 1000달러 정도만 내는 대신 99달러 99센트를 산뜻하게 열두 번에 나눠서 내고 가구를 받으면 된다. 소유로 이어지는 대여이기 때문에 위험은 없다. 고지서가 오면 돈을 내면 되고, 돈을 다 내면 가구를 소유하게 된다. 그동안 가난한 사람은 그 가구를 사용할 수 있는데, 사람이란 실제로 침대가 필요할 때가 때때로 있으므로 저금을 하며 기다리는 것보다 편리하다. 게다가 가구대여업체는 상당히 상냥한 편이어서 고객의 상황이 안 좋으면 1~2주 돈을 늦게 내도 봐준다. 보통은 제때 결제하는 편이고 연체가 잦지 않은 고객이라면 말이다. 그들은 그런 식으로 이자를 더 번다.

우리 경제는 신용이라는 것에 기반을 두고 굴러가는 것 같은데, 이 때문에 가난한 사람들은 상당히 괴롭다. 나도 현금이나 보석, 또는 엄청나게 비싼 오리고기 따위를 다루게 될 직원을 뽑을 때는 신용조사를 하게 된다. 그런데 회사 안내데스크 직원이나 잔디 깎는 사람을 뽑을 때도 신용조사를 하겠다는 구인광고도 보인다. 빚이 많은 안내데스크 직원에게 뇌물을 먹여 회사 기밀을 빼내는 것이 이론적으로는 가능할 수 있겠지만 대체 정원사는 무슨 짓을 할 수 있다는 걸까? 잔디를 안 깎는 것? 신용이라는 것(사람들에 의하면 재정적으로 안정이 된 상태인지를 나타내는 지표)이 대체 잔디를 깎을 수 있는지와 무슨 상관인지 이해가 안 된다. 또한 내가 정말 모르겠는 것은 가난과 훌륭한 운전자 사이에 존재하는 상관관계. 내가 알기로는 신용이 좋으면 자동차보험이 저렴해지므로 부자들은 기본적으로 가난한 사람들보다 자동차보험에 돈을 덜 들이는 게 확실하다. 실로 아이러니면서 비극이라는 데 우리 모두 동의할 수 있길 바란다.

이쯤 하면 이런 말을 할 사람들이 나온다. "하지만 신용은 단지 재정 상태의 표지가 아니란 말이야! 그것은 신뢰와 품성의 표지라고!" 뭐, 맞는 소리일 수도 있다. 아주 괜찮은 성격을 가진 수많은 사람들이 가난하지 않다면 말이다. 우리 중에는 매일 열정적으로 최선을 다하는 사람들이 있다. 자원이 모자란 사람들 중 다수는 그저 평균적인 사람들이다. 전형적인 성격의 보통 사람들이다.

가난한 사람들의 신용이 나쁜 진짜 이유는, 삶의 비용이 우리가 견딜 수 있는 것보다 더 비싸서다. 병원 고지서를 다시 한 번 봐볼까? 죽었다 깨어나면 혹 모를까, 그 고지서들을 해결할 돈이 가까운 시일에 생길 가능성은 없다. 내가 아는 가난한 사람들의 대다수는 끔찍한 신용등급을 가지고 있으며 이런 상황은 우리네 삶의 모든 측면에 영향을 끼친다. 당신이 현재 돈을 잘 벌고 있든 아니든, 신용등급이 별로면 당신에게 집을 빌려줄 사람을 찾는 것은 어려울 것이다. 따라서 가난한 사람들은 살 곳을 새로 구해야 할 때 밑바닥까지 긁어내곤 한다. 결국 아무도 원하지 않는 장소로 이사를 가는 것이다.

설상가상으로, 뭔가를 살 만큼 돈이 없는 사람에게 집주인들은 3개월 치의 월세(첫 달, 마지막 달, 그리고 보증금)를 한 번에 토해낼 것을 요구한다. 단지 집 열쇠를 얻기 위해서 그래야 한다. 집에 수도나 전기 등을 들어오게 하려면 공과금도 보증금을 내야 한다. 새로 이사 온 임차인이 몇 주 동안 전기가 들어오지 않은 상태로 살거나 전기는 들어왔지만 다음 임금일까지는 가스를 못 켜는 경우가 생기기도 한다. 내가 그랬다. 아파트를 얻고 처음 몇 주는 친구와 지내야 했다. 아파트에 전기가 들어온 후에야 나는 그 집으로 살러 들어갔다. 일정이 맞지 않아 전기세를 감당할 수 있기 전에 물건만 옮겨놓아야 할 때 취할 수 있는 마지막 방법이었다.

크고 널따란 세상으로 나온 후에야 나는 이런 현실에 혹독하게 두드려 맞았다. 또 다른 거지 같은 아파트로 이사 가기 위해서 1000달러 이상의 보증금을 마련해야 한단다. 400달러짜리 월세 원룸을 구하는 데 그렇단다. 거기다 첫 달과 마지막 달 월세까지. 나중에 방을 뺄 때 그 보증금을 돌려받는 사람은 행운아다. 당신이 벽에 금이 가게 했다고 집주인이 우기면 그걸로 끝이기 때문이다. 그런 집주인에 대해 세입자들이 새로 이사 오는 사람들에게 실제로 주의를 주는 그런 건물에 살아봤다. 단 한 번도 보증금이 반환되는 걸 본 사람이 없단다. 물론, 임대차 계약에 보증을 서줄 부모가 있다는 혜택을 받은 이라면 이렇게 고액의 보증금을 내는 것은 피할 수 있을 것이다. 나는 그런 혜택을 받지 못했다. 우리 중 다수가 그렇다.

물론, 주택 바우처 프로그램들이 있기는 하다. '섹션 8'이라 불리는 주거비보조 프로그램이 있는데, 종교계의 자선을 제외한다면 내가 살던 지역에서는 거의 유일했던 것 같다. 섹션 8은 기본적으로 수급자격이 되는 사람에게 정부가 월세 바우처를 주고, 그 사람은 그 바우처 사용이 승인된 아파트 목록을 함께 받는 식이다. 나는 때때로 섹션 8 아파트에 산다면 좋겠다고 바란 적이 있다. 섹션 8 아파트는 모든 문과 창문과 가전들이 제대로 작동하도록 관리 회사가 확실히 관리해야 하기 때문이다. 나는 한때 반만 섹션 8 아파트인 아파트가 섞인 건물에 산 적이 있다. 현금으로 셋돈을 내는 사람들은 자기 아파트 관리가 덜 된다는 사실을 알게 되었다. 정부가 월세의 일부를 보조해주지 않는지라 주기적 검사 또한 요구하지 않았기 때문이다. 최소한의 관리 보수가 되도록 연방 정부가 주의를 기울이는 그런 아파트는… 흠, 허물어져가지는 않는다. 그래서 그것이 실제로 정부가 검사하는 것 중의 하나다. 벽이나 천장에 눈에 보이는 금이 가 있는지 등등.

정부가 보조하는 주거지는 보통 대기 인원이 매우 많다. 차례가 돌아올 때까지 워싱턴 D.C.는 8년, 휴스턴은 3년이다. 2년

밑으로 내려가는 걸 결코 본 적이 없고, 대기 인원 목록에 이름을 올리는 것이 가치 있다고 생각한 적도 결코 없다. 왜냐하면 같은 동네에서 2년 이상 살 가능성은 별로 없기 때문이다. 대기 인원 목록에 올라 있는 동안 소득이 변하면 당신은 전화를 해서 알려야 한다. 그러면 목록에서 제외된다. 상황이 적어도 2~3년 동안은 개선되지 않는다는 것을 확신하기 전에는 서류 작성을 할 필요조차 없다.

우리, 이보다 더 잘할 수 있지 않나. 그저 그러지 않기로 선택한 것뿐이다.

돈이 하나도 없으면서 돈을 잘 다루는 것은 불가능하다. 그걸로 얘기는 끝이다. 사람들은 나에게 저축을 하라 한다. 기본적인 오락이나 통신 같은 사치를 하지 말고 햄버거 같은 비싼 음식을 먹지 말고 폭스의 뉴스에 의하면 해산물은 거의 다 먹지 말란다 (폭스 뉴스 관계자 여러분, 그런 뉴스를 제발 더 해주세요). 그런 것들은 나보다 나은 사람들만을 위한 것이기 때문이다. 소비할 수 있는 소득을 가진 사람들 말이다. 그런 말을 하는 사람들에게 나는 딕 체니Dick Cheney가 했던 지혜에 가득 찬 한마디를 선사하고 싶다. "좆까■."

내가 매주 5달러를 저금한다면, 최상의 시나리오에서는 한

■
조지 W. 부시 정권에서 부통령을 역임한 딕 체니가 버몬트 주 민주당 상원의원인 패트릭 레이히(Patrick Leahy)에게 한 말로, 정확한 영어 표현은 "Go fuck yourself"이다. 딕 체니가 부통령이 되기 전 CEO로 있었던 석유 회사가 부통령이 된 그와 영합하여 이라크 전쟁에서 부당 이득을 취한 것이 아닌지에 대한 의혹에 관해 논쟁을 벌이다가 나온 말이라고 한다.

해에 260달러를 저금하게 된다. 4분기를 기준으로 생각하는 사람을 위해 계산해준다면, 한 분기당 65달러를 모을 수 있다. 이것이 아주 작은 사치마저도 자신에게 허용하지 않을 때 모을 수 있는 거액이다. 물론 실제로 그런 돈을 결코 저금할 수는 없을 것이다. 적어도 하루는 아파서 일을 빠질 때가 있고 그러면 월세를 메우기 위해 그 돈을 빼서 써야 할 것이다. 차 기름값이 확 치솟아 출근하려면 그 돈이 필요할 것이다. 출근용 바지가 하필 덧댈 수도 없게 찢어질 것이다. 내가 보장한다. 3개월 동안 무슨 일이 반드시 일어날 것이다.

돈이 좀 남는다 해도 나는 다음 달을 생각할 여유가 없다. 그런 사치를 누리기에는 나의 현재 상황이 너무나 빠듯하다. 10년 후가 아닌 지금 당장 삶의 질에 관심이 있는 아이들이 집에 같이 산다. 그 돈이면 우리 가족 전체가 수백 시간을 완전히 만족하며 보낼 수 있다. 가난한 사람이 가정용 게임기에 돈을 쓰는 것은 너무나 부끄러운 짓이라고 생각하는 부자들이 있을까? 아마 있을 것이다. 그런 부자는 지옥으로 꺼지면 된다. 일상에서의 탈출은 내가 가장 소중하게 여기는 것이고 그것을 위해 우리는 희생한다.

돈에 대해 생각할 때 나는 총액이 아니라 가치를 따진다. 100달러가 모자라면 대출을 받아 월세를 내거나 지불유예기간을 활용한다. 또는 그냥 좆될 수도 있다. 내가 봉착한 단기적 문제에 대한 해법을 찾을 수 있는지 아닌지에 따라 그 결과가 달라진다. 이성적으로 할 수 있는 유일한 일은 가능한 한 최고로 즐거운 시간을 보내려고 노력하는 것뿐이다. 진짜 그뿐이다. 이렇게 사는 것이 내 인생이라면 말이다.

이 말은 하고 싶다. 우리도 돈의 가치를 안다. 우리는 돈을 벌기 위해 일을 한다. 시간당 10달러를 받으면 우리는 5분마다 세전소득으로 83센트를 버는 셈이 된다. 우리는 1달러의 가치가 어느 정도인지 정확히 안다. 우리가 패스트푸드 드라이브 스루 창구에서 몇 번이나 몸을 낮추거나 옆으로 구부리며 음식을 내밀어야 하는지로 그 가치는 가늠된다. 또는 얼마나 많은 층을 청소해야 하는지, 얼마나 많은 상자를 채워야 하는지로 가늠할 수도 있다.

이기는 것은 아주 운이 좋지 않은 다음에야 불가능하다. 당신이 더 잘살게 되려면 무언가가 잘 풀려야 하고 당신이 자립할 수 있을 때까지 그 상태가 지속되어야 한다. 나는 기본적인 기준을 모두 충족시키는 아파트로 이사 갈 수 있을 정도로 돈을 많이 주는, 견딜 만한 직장에 다니던 몇 년은 그럭저럭 괜찮게 살았다. 몇 년은 꾸준한 일자리가 없어서 잘 지내지 못했다. 문제는 운이 필요한 만큼 오래 지속되지 않는다는 점이다. 뒤처졌다가 딱 따라잡기만 하면 그 순간 무슨 일이 일어나 다시 뒤처지는 것 같다. 그런 상황이 한꺼번에 닥친 적은 별로 없었다는 점에서 나는 운이 꽤 좋았다. 내가 물 밑에서 허우적댄 것은 장기간이기보다는 단기간이었다. 하지만 나는 '장기간'이 현실적으로 일어날 수도 있다는 사실을 받아들일 만큼 충분히 오랫동안 위험과 마주쳐왔다. 사고 한 번, 실직 한 번이면 그것으로 끝장이다.

나는 항상 중간은 가려고 애쓰면서 같은 언덕을 오르고 또

오르는 것 같다. 하지만 계속 그렇게 살아갈 시시포스의 스태미나 같은 건 없다.

09

가난한 것은
범죄가 아니다
─그저 그렇게 느껴질 뿐

나는 내가 중범죄자인지도 모른다고 생각한다. 내가 저지른 범죄가 뭐냐고? 오하이오 주에서 유타 주로 이사한 것. 오하이오 주에서 푸드스탬프를 받던 나는 주 정부에 전화해 우리 수급 계좌를 닫아야 한다고 알렸다. 유타 주로 이사갔을 때 우리는 푸드스탬프를 신청했고 승인받았다. 하지만 오하이오 주가 우리 계좌를 닫지 않은 것이 문제였다. 그들은 우리에게 계속 돈을 넣었다. 유타 주는 우리가 오하이오 주에 전화해야 한다고 해서 그들에게 연락했다. 그리고 오류가 수정될 것이라는 확답을 받았다. 이후 우리는 다시 유타 주에 전화를 걸었지만 여전히 오하이오 주 수급자라는 말을 들었다. 유타 주 정부도 오하이오 주에 전화했다. 세 번. 그 후에는 우리를 담당한 사회복지사가 말하길, 자기는 더는 그 사람들을 상대할 시간이 없다고 했다.

　알고 보니, 유타 주가 오하이오 주와 연락을 하지 못하는 게 놀라울 것이 없었다. 오하이오 주의 해밀턴 카운티 전체에 사회복지사무소[*]가 단 한 군데였던 것이다. 신시내티도 포함해서였다. 단 한 곳. 신시내티에. 이는 맨해튼 전체에 스타벅스가 단 한 곳 있다거나 로스앤젤레스 전체에 아주 작은 애견샵이 하나만 있는 것과 같은 상황이었다.

복지혜택을 제공하는 주의 거주자[**]가 아니면 그 주에서 복지혜택을 받는 것은 불법이다. 그래서 우리는 푸드스탬프 카드에 우리가 사용할 수 없는 잔액이 쌓여가는 것을 바라보고만 있어야 했다. 오하이오 주 공무원은 우리가 전화할 때마다 돈 주는 것을 멈춰달라고 몇 달 동안이나 계속 요청한 사실이 확인된다고 했다. 그리고 미안하다고 했다. 오하이오 주에서 전화를 받은 사람 누구도 문제가 정확히 무엇인지 알아내지 못했다. 그들 한 명 한 명은 문제가 수정될 것이라고 누누이 약속했다.

우리는 유타 주에서 몇 달 정도 수급을 받다가 자립했다. 고지서를 받은 것이 그때였다. 사정인즉슨, 우리가 아무 잘못 없이 오하이오 주의 사무 착오를 수정받지 못했다는 것도, 우리가 수십 시간이나 들여 그 문제를 해결하려 했다는 것도 유타 주가 아주 잘 인지하고 있지만 그럼에도 법에 의하면 우리는 여전히 이중수급을 받은 책임을 져야 한다는 것이다. 혐의는 사기였고 유타 주에 진 빚을 갚으라는 요구를 받았다.

---

[*] 미국은 우리나라처럼 주민센터나 구청 같은 관청에서 여러 사무를 보지 않고 사무 내용에 따라 사무소가 나뉘어 있어 목적에 맞춰 사무소를 검색해서 방문해야 한다.

[**] 우리나라처럼 주민등록제도가 없으므로 주로 운전면허증에 기록된 주소를 변경하고 그것으로 거주자임을 증명한다.

물론 나는 고지서를 받고 주 정부에 전화했다. 사회복지사는 우리가 아주 좆같은 처지에 놓였다는 것을 알려주면서도 계속 미안하다고 사과했다. 그때 갓 자립한 상태였는데 우리가 주 정부에게 빚진 돈은 우리가 한 달 동안 번 돈보다 더 큰 액수였던 것이다. 아, 그리고 주 정부의 습격을 받는 중엔 우리는 어떤 혜택도 받을 수 없다고 했다. 우리가 자립했기 때문에 어느 혜택도 받을 자격이 되지 않았다.

이러니 내가 정부나 권력기관을 그다지 존경하지 않는 것도 무리는 아니다. 사람들이 자기 잘못이 아닌 일로 벌을 받는 경우를 너무나 자주 본 탓인지 나는 언제나 내가 뭔가의 법을 위반하는 중일 거라고 어느 정도는 확신하고 있다. 그렇게 말한다고 내가 딱히 망상에 빠진 건 아닐 것이다. 미국이라는 나라는 특정 목적 없이 어딘가에서 어슬렁거리며 오래 머무는 게 범죄로 간주되는 나라이며 경찰이 임의동행을 강제할 수 있는 나라다. 수사 방해에서 '방해'의 의미를 조금 넓게 잡기 좋아하는 경찰과 연루될 경우, 그 경찰이 알고 싶어하는 것을 조금이라도 말하기 거부하는 것 또한 형사 처분의 대상이 될 수 있다. 범죄자가 되기 위해서 은행 강도질까지 할 필요가 없다. 가난하고 운이 다해서 공원 벤치에서 잠이라도 든다면 바로 범죄자 당첨이다. 최근 대학 캠퍼스에 갔을 때 나는 벤치나 테이블에서 뻗어 있는 학생들을 최소 세 명은 보았다. 공공장소에서 휴식을 취하는 천벌 받을 짓을 학교 경찰에 신고해야겠다는 충동을 느꼈다. 알고 보니, 공공장소 벤치에서 자는 것이 범죄인지 아닌지는 자는 사람이 잘 곳이 있는 것처럼 보일 만큼 돈이 충분히 있는지 아닌지에 따라 달라지는 거였다.

웃긴 얘기 하나 더 해볼까? 음주운전을 하지 않으려고 열심히 노력하다가 경범죄를 저지르기는 무지막지하게 쉽다. 취했기 때문에 바에서 집까지 걸어오거나 애초에 집에 있다가 앞마당에 나가 술을 마신다면 당신은 공공장소에서 취한 셈이 된단다**. 당신 집 앞마당이 오후와 저녁에 어둑어둑 그늘이 지고, 당신이 그저 법적 성인이 된 친구들하고만 어울리는 것이 아주 분명하다 해도 상관없다. 또는 당신이 판단을 잘못 내려 술에 진탕 취하긴 했지만 길을 틀리지 않고 한 발 앞에 다른 한 발을 놓기만 한다면 집까지 안전하게 갈 수 있다 해도 상관없다. 운전을 하면 안 된다는 것을 알았기 때문에 바 주차장에 자동차를 두었는데 하필 택시 값이 없었다는 것은 정상참작이 되지 않는다. 그날 저녁 당신이 내린 건전한 판단은 심각한 징벌을 부를지도 모른다.

보안문이 설치된 주거단지를 짓고 별도의 입구를 이용하는 등의 모습을 보면, 사람들이 점점 더 가난한 사람들을 두려워하는 것 같다는 생각이 든다. 하지만 흔히 범죄행위라고 생각하는 것의 발생률이 갑자기 하늘로 치솟은 것은 아니다. 우리 사회가 더 많은 것들을 불법화한 것에 지나지 않는다. 그리고 당신이 형법상 유죄 판결을 한 번이라도 받는다면 일자리를 구하는 데는 정말 졸라 행운이 있어야 할 것이다. 실업률이 제로라 할지라도 말이다. 사람들이 정말 상상도 못 할 경로로 범죄기록을 갖게 되는 경우를 나는 보았다. 화장실 휴지를 찢어 집에 줄줄 붙여 늘어뜨린다거나 빨간불에 길을 건넌다든가 하는, 사람들이 고개를 절레절레 흔들 정도에 지나지 않는 수준도 여전히 범죄란다. 나와 일을 같이 했던 동료의 열세 살 난 아들은 미성년 통행금지 시간 후에 밖에서 큰소리로 랩을 했다가 소년원에 간 적도 있었다. 어린애가 오밤중에 밖에서 소란을 피우는 것이 짜증 날 일이 아니라는 말이 아니다. 그것 때문에 아이를 감옥에 보내는 건 조금은 미친 짓이 아닐까 하는 거다.

요즘 우리는 사회적 일탈을 했다는 이유로 사람들을 가두기로 한 것 같다. 우리 사회는 더는 빚쟁이 감옥을 운영하지 않으며 디킨스Dickens 시대의 영국[*]이 아니라고 자신을 세뇌한다. 돈이 없다는 단순한 이유만으로 사람들을 가두지는 않기 때문이다. 대신 우리는 법원 범칙금을 내지 않는 사람을 가둔다. 아니면 가난한 사람이 공개적으로 가난한 모습을 보이지는 말아야 할 자기 주제를 잊기 때문에, 그리고 이 나라에선 부자나 가난한 사람이나 주기적으로 반복해야 하는 공무 처리 비용은 동일하게 내야 하기 때문에 사람을 가둔다. 그런데 사실 가난한 사람들에게 그 비용은 훨씬 더 높다.

예를 들어 내 자동차가 4분의 3 정도의 시간만 등록이 되어 있다고 치자. 등록 갱신을 위해 드는 50달러는 내가 쓸 수 있는 돈보다 큰 금액이기 때문이다. 때때로 그 금액은 내 하루 임금

203

보다도 높다. 나도 안다. 적절한 등록증 없이 운전을 했다가는 감옥에 갈 수 있다. 하지만 갱신할 돈이 없다면, 나는 돈을 벌기 위해 어떻게든 일자리에 궁둥이를 끌고 가야 할 것이다. 그런데 그러려면 운전을 해야 한다. 이제 내가 무슨 말을 하려는 건지 짐작할 수 있으리라 믿는다. 결론적으로 말하면, 난 좆된 거다. 자동차보험 관리는 그보다는 잘한다. 내 인생이 무보험 운전자에 의해 거꾸로 뒤집혔기 때문이다. 하지만 나도 보험이 없던 적이 있었다. 보험 회사는 전력 회사와는 다르다. 그들은 납기일이나 할부 등을 협상해주지 않는다. 보험료를 내지 못하면, 낼 때까지는 무보험인 것이다. 그걸로 끝이다.

내가 보험 없이 운전하는 것은 딱 두 가지 경우뿐이다. 일터에 가야 하든가, 화장실 휴지를 사야 하든가. 그 상황에서는 뒷길을 이용하고 동네 기슭에 있는 가게에 가는 등 차가 많은 장소는 피한다. 가벼운 접촉사고를 겪을 가능성을 줄이기 위해서다. 접촉사고를 내면 감옥에 간다. 보험을 쓰지 않고 수리비를 내줄 의향과 능력이 있다 해도 말이다.

나는 사고나 교통 범칙금이 내 재정적 안정(애초에 별로 좋은 적이 거의 없지마는)을 파괴할 만한 수준에 이르는 것이 두려워 엄청나게 방어적인 운전자가 되었다. 나는 모험을 하지 않는다. 제한속도보다 정확히 3.3km/h 더 빠르게 운전을 한다. 그게 과속으로 잡히지 않을, 통상적으로 알려진 마법의 속도란다. 제한속도보다 느리게 운전하지는 않는다. 그랬다간 경찰이 그저 궁금하다는 이유로 내 차를 세울까 두렵기 때문이다.

경찰을 피한다는 나의 원칙은 운전석에 앉아 있을 때 더욱 공고해진다. 가능한 한 평범한 모습으로 보이는 것이 나의 사명이다. 절대 튀지 말고 절대 괴롭힘을 당하지 말 것. 애리조나 주는 예외다(우리 남편은 푸에르토리코인 피가 반이 섞여 있어 피부가 상당히 갈색이다. 불법체류자 단속으로 악명 높은 애리조나 주는 역병 피하듯 피한다. 이민 서류를 제시하라는 요청을 받고 싶은 마음은 전혀 없으니까).

이렇게 나는 무리를 해서라도 경찰과 일반적인 공권력 행사자들로부터 거리를 둔다. 운명을 시험하는 건 멍청한 짓이다. 그들 대부분이 사랑스러운 사람들일 거라고 굳게 믿긴 하지만 그런 종류의 힘을 내게 행사할 수 있는 사람을 내가 신뢰할 이유는 없다. 그들이 나를 무슨 이유로 '비판'할지 나는 결코 안심할 수 없고, '비판'이란 것은 '수사'로 이어지는 몹시 나쁜 관습이 있다.

대부분의 사람이 가난한 사람들을 범죄자로 생각한다는 것이 내가 오랫동안 품어온 믿음이다. 망상 같은가. 찬찬히 설명해주겠다. 혹 당신이 사무실이나 화이트칼라의 환경에서 일한다면, 당신이 포스트잇을 훔쳤을까 싶어 밤에 문을 나설 때 당신 상사가 가방을 검사하는가. 그렇지 않을 것이다. 하지만 나는 교대근무가 끝났을 때 볼펜 한 상자 따위를 훔치지 않았다는 걸 확인하도록 경비에게 내 가방을 내어줘야 했다. 그들은 직원을 모두 검사했다. 심지어 경비들도 서로를 검사했다. 그런 행위가 내게 어떤 메시지를 보내겠는가. 내가 신뢰받고 있다는 메시지? 존중받고 있다는 메시지? 아마 아닐 것이다. 이런 거지 같은 업무를 해야 하는 사람이라면 확실히 도둑질할 만하다고 나의 상사는 생각하고 있다는 거다. 또는 내가 너무나 적은 임금을 받기 때문에 필요에 의해 도둑질을 할지도 모른다고 생각하고 있다는 뜻도 될 수 있겠다.

이렇게 생각하기 시작하면, 부자들이 미국의 한 계층 전체를 쓰레기 같고 부주의하며 비도덕적이고 무책임한 사람들로 격하시킨다고 결론을 짓는 것이 그다지 비약으로 느껴지지는 않는다. 물론 우리 중엔 그런 사람들이 분명 있다. 하지만 그런 사람들은 부자들 사이에도 있다. 게다가 당신이 매일 밤 가방을 검사받아야 한다면, 당신 또한 포스트잇 몇 장은 훔치고픈 유혹을 강하게 느끼게 될 것이다. 내가 보장한다. 분이라도 풀기 위해서, 당신이 그들보다 더 똑똑하다는 것을 증명하기 위해서라도 말이다.

이제 나는 일반화를 좀 해보려고 한다. 덧붙여 이런 이야기를 하는 사람이 다른 누구도 아닌 '나'라는 것을 다시 한 번 일깨우고 싶다. 다른 사람들은 다르게 느낄 수 있다는 뜻이다. 가난한 사람들 대부분은 자기들 무리에서 아주 멀리 떨어진 곳에서 일어날지도 모르는 자연재해나 정치적 참사에 대해 우려하지 않는다. 그들이 걱정해야 할 재앙들이 가까운 미래에 너무나 많이 도사리고 있기 때문이다.

나는 히피 친구가 있다. 그녀는 내 쓰레기를 뒤져 깡통들을 찾아내 멀찍이 떨어져 있는 행정구역 반대편에, 그녀가 가장 좋아한다는 재활용 센터까지 차로 싣고 간다. 나는 그녀가 제정신이 아니라고 생각한다. 내가 지구온난화나 환경에 대해 신경을 쓰지 않는 것은 아니다. 하지만 내가 노력할 의향이 있는 데는 한도가 있다. 거시적 문제까지 걱정할 시간도 여력도 없다.

과소비에 대한 우려란, 애초에 규칙적인 소비가 가능한 사람들을 위한 걱정이다.

나는 가난하면서도 환경보호주의자인 사람들을 안다. 빈곤이 반드시 사람을 무정하게 만드는 것은 아니다. 하지만 가난하다는 것은 그 사람이 애초에 과소비를 안 한다는 뜻이다. 가난한 사람들은 절대 필요 없는 쓰레기들을 엄청나게 사들였다가 거의 손도 안 댄 채 버릴 여력 따위는 없다. 그래서 나는 환경을 '나의 문제'로 삼을 필요를 그다지 느끼지 못한다. 나는 다른 사람들이 거부한 음식을 먹는 편이다(유통기한이 거의 만료된 식료품을 싸게 살 수 있는 곳들이 있다). 가게에서 새 물건을 많이 사지도 않는데, 보통은 그럴 돈이 없기 때문이다. 나는 중고용품 가게에서 물건을 산다. 작동할락 말락 하는 제빵기를 2달러에 사 전선만 손보면 된다. 나는 보통 여러 용건을 모두 합쳐 한번 외출할 때 다 처리하는 편이다. 가게에 가려면 기본적으로 30분은 잡아야 하기 때문이다. 나는 차 기름을 아끼고 싶다.

나는 고래에 대해 신경 쓰지 않는다. 부엉이에 대해 법석 떨지 않는다. 내가 나 자신을 환경보호주의자로 간주하지 않는 이유는 많지만 대체로는 다음 한 가지로 집약된다. 내가 신경이 쓰이는 문제는 사람들이며, 미시적인 문제들이라는 것. 내가 속한 종의 문제가 대체로 해결되면 아프리카 코뿔소에 대해 걱정하기 시작할 것이다. 그때까지는 내 얼굴에 대고 어딘가의 생태계가 노숙 문제보다 더 중요하다고 주장하는 사람들을 주먹으로 후려치지 않도록 자제하는 정도로 내 노력을 그칠 생각이다. 그러한 문제들이 중요하지 않은 것은 아니므로 누군가가 그런 일을 지켜본다는 것이 기쁘지만, 집 밖이 영하 7°C인 지금 이

가난한 것은 범죄가 아니다
— 그저 그렇게 느껴질 뿐

순간에는 나는 사람들이 더 걱정되고 그들을 구하고 싶다.

가난한 사람들은 노숙자 무리의 일부가 되지 않기 위해 머리 위 지붕을 지키기도 바쁘다. 우리 다수가 걱정할 시간이 있는 것은 그 정도다. 환경과 관련된 우려나 정치 헌금 등, 거창하게 말해 시민 참여의 문제는 시간과 영향력이 있는 사람들이 하는 사치스런 걱정들이다.

가난한 사람들이 정치적으로 더욱 활동적이기를 내가 바라느냐고? 물론이다. 그러면 그들에게 도움이 될 것이고 최소한 해가 되지 않을 것은 너무나 확실하다. 하지만 나는 사람들이 당장에라도 투표소로 내달려 문을 부수고 들어가지 않는 이유도 이해한다. 일단, 투표소에서 신원과 거주지를 증명하기 위해서 우리의 DNA 표본이나 소변 표본을 가져가야 하는지 기억할 수가 없다. 규칙은 자꾸 바뀐다. 또 다른 이유로는 가난한 지역의 투표 시간과 투표 장소가 계속 줄어든다는 점을 들 수 있다. 무슨 이유인지는 모르겠지만, 가난한 사람들(이라고 쓰고 민주당 지지자라고 읽는다)의 투표를 억제하기 위한 의식적인 노력은 설마 아닐 것이다. 절대. 아니다(친애하는 공화당 관계자 여러분. 당신네 사람들 입단속 좀 시키세요. 당신네 목표가 가난한 사람들의 투표를 저지하는 것이라고 대놓고 말하고 다니더라고요).

게다가 이 시점에서 선거란 대체로 정치에 열정적인 사람들에게만 도움이 될 뿐이다. 그 외의 사람들은 모두 결과가 이미 결정되어 있다는 것을 마음속으로 알고 있다. 대부분의 선거구는 특정 당이 어떻게 해서든지 안전한 투표수를 확보하도록 개편되어 있다. 소위 게리맨더링Gerrymandering이라 하는 것이 그것이다. 사실 투표는 결과에 영향을 못 미친다. 누가 집에 머무르고 누가 나가서 투표하든, 결과적으로는 언제나 X당 지지자들이 더 많이 투표하게 되기 때문이다.

이런 것들이 투표하지 않기에 좋은 이유라고 말을 하는 건 아니다. 그저 내가 파악해낸 이유가 이렇다는 말이다.

어째서 가난한 사람들이 자기 자신의 이익에 반해서 투표하는지를 이해하지 못하는 사람들이 있다. 그 문제는 나조차도 골치가 썩을 정도다. 존 스타인벡John Steinbeck이 말하길, 미국은 결코 사회주의 국가가 될 수 없다고 했다. 미국엔 가난한 미국인은 없고 오로지 일시적으로 창피한 백만장자들만 있다는 것이다. 많은 사람이 진심으로 그렇게 생각한다. 나를 길러준 사람도 그런 사람이었다. 우리 아빠가 말하는 것을 들으면 마치 상위 5퍼센트에 드는 것 같다(스포일러: 못 든다).

공화당을 지지하는 친구가 한 명 있다. 우리가 정치와 경제에 관해 애기할 때마다 그 친구는 내가 그저 '아메리칸 드림'을 이해하지 못하는 거란다. 자기가 끼려고 애쓰는 그 무리에 속한 사람들을 벌하는 게 말이 안 된단다. 그는 향후 10년, 또는 20년 사이에 자신이 자본소득에 대해 걱정하게 될 거라고 상당히 확신하고 있다. 월마트에서 일하고 나이는 서른에 가까워지고 있는데 그렇다. 학위도, 제대로 된 이력도 없고 무언가를 하고 싶다는 야망도 딱히 없다. 그저 언젠가는 '뭔가'를 하면서 근사한 경력을 갖게 될 것이라는 단호한 확신만이 있다. 그 '뭔가'가 무엇인지는 아직 모르겠지만 우리가 미국에 살고 있으니 누구나 성공할 수 있다고 했다. 그때가 올 때까지 그는 투표소에서 자신의 미래 이익을 수호하겠단다.

투표는 돈에 대한 것만은 아니다. 내 친구 레이첼은 사랑스러운 여자다. 사실 돈 문제에 관해서는 진보적인 편이지만 그녀 자신은 깐깐한 남부침례교도이다. 또한 매우 확고한 공화당 지지자다. 그녀는 자신이 언제나 가난했고 영원히 가난할 테지만 부자들이 더 부자가 되든 말든 자기에겐 문제가 아니라고 한다. 적어도 자신의 일상에 진정으로 영향을 미치는 쪽으로는 문제가 되지 않는다는 것이다. 구조적으로는 당연히 문제가 되겠지만, 그녀에 의하면 자기가 지지하는 후보들이 내놓은 경제 정책들이 자신에게는 유리하지 않다고 해도 어차피 자신이 사는 곳은 무노조 지역이기 때문에 크게 다를 바가 없단다. 따라서 연방수정헌법 제2조 ▪ 유지와 낙태 반대에 단호한 태도를 취하는 사람이 훨씬 더 중요하다는 것이다. 그녀가 현실적으로 매일 중요하게 여기는 것은 그런 문제들이다. 그녀는 그 문제들에 대해 신경을 쓰며, 그것들에 영향을 받는 사람들을 알고 있다.

나는 우리가 아무리 간절히 원한다고 하더라도 경제 정책 같은 것은 그다지 변하지 않을 것이라고 생각하는 편이다. 하지만 나는 내 친구들이 모두 자기가 원하는 사람과 결혼할 수 있어야 한다고 굳게 믿으며, 공화당 통치자들의 축복을 굳이 요청하지 않아도 피임을 할 수 있게 된다는 생각에는 귀가 솔깃해진다. 게다가 나는 가난한 사람들이 다른 사람들보다 더 많이 이익을 본다고 진심으로 믿는 사람들을 도저히 지지할 수 없다. 그 정도로 주변 상황에 무지한 사람이라면, 자유세계를 책임지면 안 된다는 것이 원칙이다.

▪ 무기 휴대의 권리다. 내용은 "규율을 잘 갖춘 민병대는 자유로운 주의 안보에 필요하므로, 무기를 소장하고 휴대할 시민의 권리는 침해될 수 없다"이다.

모든 사람이 내가 지지하는 사람에게 투표하기를 격려하는 것은 이런 이유다. 하지만 나는 이런 문제들에 대해 조금의 관심도 보일 수 없는 가난한 사람을 비판하지는 않을 것이다. 그 사람은 자신의 한 표에 영향력이 있다는 믿을 만한 증거를 본 적이 없는 것뿐이다. 이제까지 투표는 정부 자원의 공평한 배분을 보장하는 정책을 이끌어내지 못했다. 우리 동네 학교들은 여전히 엉망이고, 우리 동네 도로는 덜 관리되며, 경찰은 덜 친절하다. 우리는 양적완화나 우대금리지표를 누가 관리하는지는 좆도 신경 쓰지 않는다. 돈이 없기 때문에 그런 사안들은 우리와 전혀 무관하다.

권력을 잡을 자는 우리를 생각하지 않는다는 메시지를 가난한 사람들은 확실히 알아들었다. 그러는 동안 부유한 사람들은 가난한 사람들이 도심 인도 위에 버리는 담배꽁초가 엄청난 골칫거리인 양 법석을 떤다. '가난한 사람들은 도대체 신경을 쓰지 않는다'는 증거라도 되는 것처럼 말이다. 부자들의 그러한 주장을 거꾸로 적용해보자. 힘 있는 사람들이 가난한 사람들의 뒤뜰에 쓰레기 처리시설을 짓는다면 '부자들은 도대체 신경을 쓰지 않는다'는 뜻이 될까? 이미 대답이 된 것 같으니 굳이 말하지 않겠다.

나는 길에 쓰레기를 버리지 않는다. 딱히 환경에 대한 책임을 느끼기 때문은 아니다. 내가 쓰레기를 길에 버리지 않는 첫번째 이유는 애초에 버리지 않으면 내지 않아도 될 벌금이 엄청나다는 데 있다. 두번째 이유는 이렇다. 내가 인생을 사는 데 있어 '웃기지 마, 나는 너희가 생각하는 것처럼은 안 살아'라고 약간은 분개할 때가 있는데 쓰레기를 버리는 것이 그 경우다. 가난한 사람들은 아무 데나 쓰레기를 버린다는 부자들의 예상대로 살기를 나는 거부한다. 게다가 그 쓰레기를 주워야 하는 건 어차피 가난한 얼간이들이다. 나는 사람들이 생계로 삼는 일을 더 힘겹게 하지는 않겠다는 원칙을 고수하려고 애쓴다.

가난한 사람들이 길과 도로를 아름답게 유지하기를 기대한다는 게 내게는 언제나 흥미로웠다. 사실 나는 신경을 쓰지 않는다. 내가 사는 곳이 거대 저택들이 있는 곳과 똑같은 관리를 받게 될 때까지는 신경 안 쓴다.

왜 내가 때때로 화가 나 있는지, 어째서 내가 나보다 부유한 사람들과 인간적인 유대감을 항상 느끼지는 못하는 건지 궁금한가. 아주 적절한 예가 바로 여기 있다. 부자들 또한 내게 그런 감정을 전혀 느끼지 않는데 내가 더 관대한 편이 되어야 할 의무는 없다. 우리는 '오블리주'는 해야 하면서도 '노블레스' 취급은 결코 받지 못한다. 그러니 안 한다. 안 할 거다.

자, 드디어 때가 왔다. 나는 감히 외치겠다. 흔히 보이는 전형적인 현상에는 그렇게 된 이유가 있다. 잔디가 벗겨진 앞마당과 바퀴가 빠진 가정용 트럭과 타이어 더미. 모두 당신이 가난한 사람을 생각할 때 떠올리는 모습들이다. 솔직히 말하면 나 또한 타이어 더미의 자랑스러운 주인이다. 내가 사는 집의 전 주인이 물려준 것이다. 당신이 그 광경을 미학적으로 아름답다고 느끼지 않아도 이해할 수 있다. 제길, 나한테도 그 모습은 미학적으로 아름답지 않단 말이다. 하지만 내가 여전히 이해하지 못하는 것은 이것이다. 말라버린 잔디밭에 물을 주기에는 너무나 가난해서 수도 요금을 내지 못하는 사람을, 트럭을 고칠 수리비가 없는 사람을, 타이어 더미를 어떻게 해보는 데 필요한 휴가를 내지 못하는 사람을 당신이 어째서 마음대로 재단하는지를 나는 이해할 수 없다(나도 돈을 모아 장미 관목을 두 그루나 심은 적이 있었다. 일터에서 보내는 시간이 너무 길어 물을 주지 못한 바람에 장미는 다 죽었다).

수많은 가난한 사람들처럼 나 또한 인생의 대부분을 셋집에서 보냈다. 내가 겪은 집주인 중 몇 명은 세를 주는 아파트를 너무나 형편없이 관리하는 편이라 그런 그들의 부동산의 질을 높여주기 위해 내가 굳이 돈을 버려야 할 의욕은 솟지 않는다. 내가 마침내 집을 사게 되었을 때 나는 장기주택담보대출을 감당할 여력은 있었지만 조경 같은 겉치레에 쓸 돈은 없었다. 우리 집 마당은 잔디밭이라기보다는 잔디가 듬성듬성 돋은 흙바닥에 더 가깝다. 잔디를 심는 비용을 계산해보았더니 임금 봉투를 하나 반은 털어넣어야 한다는 결과가 나왔다. 수도 요금을 포함하기도 전의 비용이 그랬다.

집 얘기가 나온 김에 우리 집에 대해서 좀더 이야기해보겠다. 나는 아주 끔찍하고 극악한 신용등급을 가지고 있는데 대체로 의료비와 학비로 진 빚 때문이다. 내가 장기주택담보대출을 받을 가능성은 전혀 없었다. 내가 둘째를 임신했을 때 우리는 트레일러에 살고 있었다. 방 하나짜리 공간에 나와 남편, 아이, 그리고 나의 생부가 함께 살고 있던 터라 이미 꽉 차서 새로 태어날 아이를 위한 공간을 구해야 했다.

그래서 우리는 사람들이 다들 그러듯 셋집을 구하러 갔다. 우리가 감당할 수 있는 곳은 없었다. 우리가 집세를 낼 수 있는 유일한 장소는 학생 주택 아니면 실제로 살기에 위험할 만큼 허물어져가는 곳뿐이었다. 전자는 영아를 재울 수 있을 만한 곳이 아니었고, 후자는 아기들을 뛰어놀게 할 수 있는 곳이 아니었다. 벽이나 바닥에 못 같은 것이 삐져나와 있기 때문이다.

결국 우리는 나의 부모에게 공동대출co-sign▪을 받아달라고 요청했다. 결과적으로 일어난 일은 다음과 같다. 부모님은 내가 살 집의 장기주택담보대출을 새로 얻는 것보다 저렴한 비용으로 당신들 집을 담보로 잡아 재융자를 받았고, 그 재융자를 통해 받은 현금으로 우리 집값을 냈다. 대신 부모님의 주택담보대출은 내가 갚는데, 실질적으로는 내 대출이기 때문이다. 우리가 산 집은 10만 달러도 되지 않는 집이라 다달이 갚아야 하는 대출금은 그다지 나쁘지 않다. 그렇게 산 집은 우리가 세를 낼 수 있는 그 어떤 집보다 괜찮았다. 가족의 도움(내가 최근에서야 즐길 수 있게 된 사치)이라는 행운이 주어진 우리 같은 사람들이 국가 경제에 참여하기 위해서는, 이렇게 꼬이고 뒤틀린 과정을 겪어야 한다.

그렇게 산 집을 보수하고 관리하는 주제로 이제 다시 돌아가자. 많은 사람에게 긴장을 푸는 소일거리라는 정원 관리는 내게는 또 다른 집안일일 뿐이고 낮에 할 시간이 없다. 쓸 만한 잔디깎기 기계가 없고 잔디를 깎기 위해 한나절을 낼 수 없는 사람이라면 잔디 씨앗을 돈 주고 살 의미가 없다.

▪ 대출신청자의 신용이 낮아 제3자의 보증만으로는 대출 자격이 되지 못할 때, 은행에서 그 제3자를 보증인이 아닌 '부 대출자'로 붙이는 공동대출을 요구하는 경우가 있다. 주 대출자의 부실 신용등급에서 비롯된 공동대출이기 때문에 독자적 대출보다 이자율이 높은 편이다.

이런 이유로 나는 '가난한 사람들의 마당은 지저분하다'라는 일반화는 수긍하는 편이고, 사람들이 내 지저분한 마당을 보고 나를 어떻게 생각하건 별로 개의치 않는다. 하지만 가난한 사람들은 더러우니까 벌레가 꼬인다는 전형적인 이야기는 날 정말 열 받게 한다. 나는 널리 퍼져 있는 이러한 착각을 이 기회를 빌려 바로잡고 싶다. 벌레는 집을 제대로 관리하지 못한다는 이유만으로 생기는 것이 아니다. 그건 아주 고전적인 거짓말이다. 나는 바퀴벌레가 있는 곳에 살아보았다. 그 벌레들은 내가 이사 오기 전부터 있었고 정확히 바로 그 벌레들이 그 후에도 그곳에 몇 년은 살 것이라는 데 공개적으로 판돈을 걸 의향이 있다. 나는 모든 것을 시도해보았다. 집 안에 음식이라곤 부스러기도 없게 하려고 2주 동안 집에서 밥을 먹지 않은 적도 있었다. 벌레는 여전히 있었다. 살충제도 놓아보았다. 벌레는 있었다. 다 밟아서 죽여 버리려고도 해봤다. 하지만 벌레가 하도 많아 우리의 저항은 오래가지 못했다. 소규모 정찰대의 일원으로서 언덕 너머에 버티고 있는 대군을 마주한 느낌이었다. 애초에 이길 가능성은 손톱만큼도 없었다.

바퀴벌레를 죽이는 것은 전문적 방법을 통한 살충 방역을 거듭하지 않고는 불가능에 가깝지만, 그런 전문적 방역은 공짜가 아니다. 바퀴벌레는 벽 안과 목재 마감 밑에 산다. 아파트에 금 하나만 가 있어도 아무 때나 들어올 수 있다. 농담이 아니라, 동네 방역업체에 전화를 걸어 물어보라. 금 간 벽과 물 새는 싱크대가 있는 아파트에서 살충제 반 캔으로 바퀴벌레의 출몰을 막을 수 있는지 말이다. 질문을 마치자마자 타이머를 눌러 업체 사람이 얼마나 오래 웃는지 한번 재어보라.

빈대와 이는 가난한 사람들만큼이나 부자들도 좋아한다. 하지만 그 둘 중의 하나가 붙은 사람이 가난하다면, 그는 비판 받는다. 이가 있는 가난한 사람과 이가 있는 부자 사이에 차이점이 있다면, 부자는 다른 누군가에게 돈을 주고 자기 아이의 머리카락에서 서캐를 골라낼 수 있다는 점뿐이다. 반면 당신이 빈대가 붙을 정도로 운이 없는 가난한 사람이라면, 우와, 당신 인생은 완전 거지 같은 삶인 것이다. 빈대에 효과적인 살충제는 없다. 아니, 사실 두 가지가 있지만 독성이 너무 강해서 한 번 뿌리면 그곳에서는 계속 살 수가 없다. 어떤 종류의 먹이 없이도 몇 달을 살아남는 게 빈대다. 빈대는 또한 배관이나 당신이 이사를 결정할 때 미리 확인할 수 없는 여러 장소에서도 살아간다. 누군가가 건물로 들여온 빈대는 심각하고 값비싼 방법이 아니면 쫓아낼 수 없으며, 버스나 주유소 또는 렌터카나 공항에서 쉽게 옮을 수 있다. 대중이 드나드는 장소라면 어디에서라도 옮을 수 있는 것이 빈대라는 벌레다.

여름 동안 방충망에 구멍이 나 있고 에어컨 성능이 후지다면, 또는 에어컨이 없어 창문을 열어놓아야 한다면, 파리를 피할 도리는 없다. 간단한 청소와 지속적인 파리채 사용으로 해결 가능하다는 점에서 바퀴벌레보다는 통제가 쉽지만, 여전히 일상적인 짜증을 유발하고 인생에서 피해갈 수 없는 것이 바로 파리다. 그렇다고 끈끈이를 달면 천박하다는 말을 듣는다. 효과적인 해충 통제법을 확실히 사용한다 해도 가난한 사람은 도저히 이길 수가 없다.

가난한 집 벽에 난 구멍에서 쥐가 사는 광경은 너무나도 흔한 탓인지 디즈니의 신데렐라에서는 조연진 전체에 쥐가 캐스

팅되었다. 그 후로도 비슷한 쥐들이 아동영화에 출연한 것이 꽤 된다. 지은 지 오래된 건물이라면 어딘가에 쥐가 있을 것이다. 쥐가 있는 건물에 살 때 긍정적 점이라면, 자신이 신데렐라인 척을 할 수 있다는 것이다. 하지만 유리구두가 자기 쪽으로 오리라는 희망은 나라면 갖지 않겠다.

가난하다는 것. 그게 개미가 꼬이는 이유다. 집 안 벌레의 발생은 칠칠찮고 무책임한 성격의 결과가 아니다. 돈이 바닥난 결과다. 그렇지 않다고 주장한다면 가난한 사람에게는 모욕이 자 선생님의 잔소리다. 다른 사람에게 돈을 주고 자기 집을 청소하게 하는 사람이 그런 주장을 한다면 특히 더 그렇다.

아니, 나는 사람들이 그러한 사치를 누리는 것을 뭐라고 하는 것이 아니다. 나도 누리고 싶다. 나도 아내가 필요하다는 생각을 자주 한다. 아니면 도우미가 있든지. 어떻게 문제를 해결할 수 있는지 정말 잘 모르겠다. 시간이 언제나 턱없이 모자라기 때문이다. 내가 충분히 돈을 벌고, 삶의 세세한 것들에 신경을 쓰고, 집을 청소하고, 정원을 관리하고, 결혼생활을 하고, 아이들과 어울리는 등의 일들을 다 하기엔 하루라는 시간이 절대넉넉하지 않다. 그래서 남편과 나는 눈에 띄는 것들 중에서 우선적으로 순위를 매긴다. 이런 문제를 겪거나 계속 이렇게 살수밖에 없는 사람이 우리 부부뿐인가. 정말? 그렇다면 무슨 상관인가.

나는 내가 태생적으로 정말 깔끔한 사람이었으면 좋겠다. 하지만 나는 그런 사람이 아니다. 난 태생적으로 게으름뱅이다. 일상적으로 집을 깨끗하게 유지하려면 일의 순서를 정말 고심해 정한 후 실행해야 하는 그런 사람이다. 하지만 나는 보통 집

가난한 것은 범죄가 아니다
— 그저 그렇게 느껴질 뿐

을 청소하기에는 졸라 피곤한 상태로 퇴근한다. 게다가 다른 사람들이 늘어놓은 것을 치우는 뒤치다꺼리를 하느라 종일 바쁘게 보낸다. 다음 근무까지 남는 시간이 여덟 시간밖에 없는 상황이라면 집에 와 비슷한 짓을 하며 두 시간을 더 보낼 기분은 영 들지 않는다. 발이 아프고 등은 쑤시는데 잠도 자고 싶고 샤워도 하고 싶다면, 오븐에 들러붙은 기름 찌꺼기를 닦는 것은 내가 우선적으로 해야 할 일의 목록에 오르지도 못한다.

나는 단정하게 보관할 수 있는 양보다 훨씬 많은 물건을 갖고 있다. 언제나 그렇다. 돈 없이 살아본 사람은 나의 이 상황에 공감할 수 있다. 뭔가가 언젠가는 필요할지 모르는데 그때는 살 돈이 없을지 누가 아는가. 그래서 미래에 사용할 가능성이 있는 물건은 일단 보관해놓고 버린 적이 거의 없다. 얼룩진 셔츠는 내 인생의 어느 한순간에 가구광택제와 청소 의욕이 동시에 생긴다면, 걸레로 유용하게 사용될 수도 있을 것이다. 낡아빠져서 못 입는 티셔츠들은 쌓아놓았다가 우리 애들이 아기일 때 기저귀로 아주 잘 썼다. 망가진 커피메이커 두 대를 분해해서 작동하는 커피메이커 한 대를 만든 적도 있었다. 부속이 하나라도 작동하면 절대 버리지 않는다. 그 부속이 필요한 날이 올 수도 있기 때문이다.

나는 현금이 있거나 세일 가격이 정말 괜찮으면 물건을 대량으로 사들이는 편이다. 지금 이 순간 우리 집 창고에는 가격이 정말 싼 것 같아 사들인 세탁 세제가 아마 열 병은 있을 것이다. 나는 할인매장에 가 과자의 유통기한이 만료될 때까지 기다린다. 그러면 감자칩 봉지 하나에 10~25센트 정도의 싼값에 살 수 있기 때문이다. 물론, 그 과자가 그렇게 오랫동안 진열대에 남아 있던 이유는 브랜드 과자가 아니고 사실 맛이 끔찍해서지만('바비큐 랜치' 맛과 '체다치즈와 사우어크림' 맛이 동시에 난다는 감자칩을 본 적이 있다. 인간의 역사상 가장 끔찍한 발명이라는 데 모두 동의할 것으로 생각한다), 그런 과자라도 아이들에게 줄 수 있고 아이들은 그런 문제는 전혀 모르고 잘 받아먹는다. 당신 또한 맥주를 한두 캔 마신 후라면 그다지 개의치 않을 수도 있다.

이런 행위를 수치를 모르는 짓이라고 할 사람들도 있을 것 같다. 자존감, 또는 자존감 부재의 인식. 바로 내가 시민학, 시민의 자격, 그리고 개인 책임에 대한 거대 담론을 통해 결론적으로 다루고자 하는 주제다. 특권층에 속하는 대부분의 사람은 돈이 없는 사람들이 참 안되었다고 느낄 정도의 연민은 가지고 있다. 하지만 수치라는 감정을 깡그리 잊을 정도로 상황이 너무 나쁠 때가 있다는 것, '수치가 사치'인 상황이 있을 수 있다는 것을 이해하는 것은 다른 문제다. 불행히도, 나은 환경에서 사는 사람 중 무시할 수 없는 일부가 이 점을 이해하는 데 어려움을 겪는다.

　수치심이 없다는 것은 내가 가난해서 돈을 요구한다는 것을 공개적으로 인정하는 것이다. 뻔뻔스럽게 구는 것이다. 갈 곳이 없어서 공공장소에서 섹스를 하는 것이다. 생계를 잇기 위해서 공개적으로 마약을 파는 것이다. 질 나쁜 마약상을 옹호할 생각은 없다. 그런 이들을 편드는 것은 불가능하다. TV에 나오면 매료되는 사람들이 생기기는 한다. 하지만 대부분의 '마약거

래상'은 사실은 자기가 산 값만 받고 친구와 대마초 따위를 나눠 피우는 사람들이다. 자기가 사는 동네를 도덕적으로 깔아뭉개려고 그런 짓을 하는 것이 아니다. 술에 약간 취하는 대신 약간 뽕 가는 게 뭐 그리 잘못된 건지 모르는 것뿐이다. 게다가 마약 가방을 갖고 다니면 고지서도 한두 장을 해결할 수 있고 전화나 가스가 끊기지 않으며 자동차를 계속 굴릴 수 있다.

필사적이면 그렇게 된다. 수치심이 없을 때는 무슨 짓까지 하게 되는지, 하나만 더 얘기해주겠다. 푸드스탬프를 팔게 된다. 불법일까? 물론이다. 이해할 수 있는 행동일까? 그것도 그렇다. 인스턴트 라면만 먹고 살 의향이 있다면 푸드스탬프 카드에는 최소 20달러가 넘게 남는다. 그러면 나는 이웃과 거래할 수 있다. 완전히 가상의 이야기로 나 자신은 현실에서 이런 짓을 한 적이 한 번도 없지만, 이웃은 식료품을 얻고 내겐 그 대가로 차 기름통을 채울 10달러가 생긴다. 내 이웃이 이런 거래로 나를 도와주는 것은 이제 내게 차를 움직일 기름값이 생겼기에 그들이 내 차를 함께 타고 가 자기 임금 수표를 현금화할 수 있기 때문이다. 나에게 기름값으로 준 10달러를 메우려면 그들은 그래야만 한다. 우리는 이런 식으로 거래 아닌 거래를 하며 살아간다. 무언가가 필요한 시점이 오면 그 무언가를 도와줄 사람이 누군지 파악해야 한다. 그래야 차를 얻어 탈 수 있고 애를 봐줄 사람을 구할 수 있고 소액의 빚도 낼 수 있다. 우리는 또한 자신이 신뢰할 수 있는 사람이라는 것을 모두에게 알려야 한다. 그것이 당신의 물물교환권이기 때문이다.

이런 행동이 수치심이 없는 것인가. 아마도 그럴 거다. 수치심이 없다는 것은 수치심을 느낄 시점을 넘어섰을 정도로 사정이 나빠졌다는 뜻이다. 잃을 것이 아무것도 남지 않았다는 뜻이다. 잠시 후 노숙자가 될 운명이라면, 지금 거리에서 구걸한다고 잃을 것이 무엇이겠는가. 어찌어찌 참사를 막을 수도 있을 거다. 그러지 못한다 해도 인생의 새로운 단계를 조금 더 빨리 시작한 것에 지나지 않는 것이다.

직역하면 '쓰레기 같다'는 뜻인 '트래시trashy'에는 두 가지 의미가 있다. 첫째로, 품위가 없다는 뜻이다. 〈모리Maury ▪〉 같은 저급한 공개방송을 통해 콩가루 집안을 전국에 선보이는 수준으로 격하되는 것처럼 말이다. '트래시'는 단정하지 못하고 지저분하다는 뜻으로도 사용된다. 이는 대체로 자기 집과 몸 매무새를 유지하는 데 얼마나 많은 시간과 돈을 쓸 수 있는지에 의해 좌우된다.

'트래시'가 모욕적인 의도로 쓰일 때는 당신이 가난한 백인의 전형적인 모습을 지녔다는 의미를 가진다. '트래시'는 18개월 된 아기를 레스토랑에 데리고 와 그 아이가 신이 나서 종이 냅킨과 토르티야를 잡아 뜯고 그 조각을 파티용 반짝이처럼 주변에 뿌려도 그냥 내버려두는 사람들을 묘사하는 단어다. '트래시'는 화장실에서 큰소리로 통화하는 것이다. '트래시'는 누가 봐도 실내가 분명한 공공장소에서 야외에서나 낼 법한 큰 목소리로 사적인 대화를 하는 것이다.

웨스트버지니아 주에 맞닿은 오하이오 주 출신인 남편에

▪

1990년대 들어 미국에서는 일반인들이 출연하여 상식의 범위를 크게 벗어나는 가족 문제나 친지 관계를 폭로하는 쇼가 유행하기 시작했다. 기자 및 앵커 출신으로, 미국 유명 언론인인 코니 청(Connie Chung)의 남편으로 더 잘 알려진 모리 포비치(Maury Povich)가 진행한 〈모리〉도 그러한 방송의 하나다.

의하면, 그가 자란 시골 동네에서는 누가 '트래시'한 사람인지 알기가 쉬웠다고 한다. 그런 사람이 기르는 닭들은 언제나 밖에 풀려 있단다. 재활용 철조망과 방수 테이프로 닭장을 지으면 '트래시'한 사람 취급은 받지 않는다. 더불어 닭을 그 닭장에 잘 가둬놓고 길에 못 나오게 해야 한다.

자, 우리는 지금까지 빈곤은 예쁘지 않다는 것을 확인했다. 우리는 옷을 잘 입을 돈이 없다. 우리네 마당은 엉망이다. 우리는 당신네가 재미 삼아 하는 정치 프로젝트에 관심이 정말 없다. 우리가 정말 관심이 있는 게 뭔지 아는가. 우리는 서로에게 관심이 있다. 그리고 내가 아주 편하게 생각하는 비약을 좀 해보자면 가난한 사람들은 대체로 좀더 관대한 편이다. 우리는 직접 경험해본 적이 없다 하더라도 구걸을 하는 게 어떤 것일지 이해한다. 이러한 내 주장을 증명해주는 자료도 있다. 최신 연구에 의하면, 사회경제적 지위가 낮은 사람들이 그들보다 높은 지위의 사람들보다 이타적일 가능성이 더 높다고 한다. 2011년의 경우 비율상으로 소득 기준 최하 20퍼센트에 드는 사람이 최상위 20퍼센트에 드는 사람보다 자기들의 부를 더 많이 나눠주었다고 한다.

결론을 맺자면 이렇다. 좋은 시민이 된다는 것이 제대로 정리된 삶을 뜻한다면, 가난한 우리는 끔찍한 시민이다. 하지만 그것이 동료 인간을 도우려는 의향이 있는 것임을 뜻한다면, 우리는 좋은 시민이다. 혼자서 앞서 나가기보다 다른 사람들이 모두 차에 함께 올라탈 때까지 깃발을 흔들며 기다려주는 사람. 우리는 그런 사람들이다.

10

부자들에게 띄우는
공개서한

친애하는 부자 여러분께

아무도 당신을 이해하지 못한다는 것을 나는 알고 있다. 그래서 돕고 싶다. 여러 가지 결점이 있는 나지만, 큰 고통에 빠진 사람들에게는 언제나 연민을 느껴온 사람이다.

인간으로서 가치를 인정받지 못하고 나의 수고에 감사받지 못하는 느낌이라 세상살이에 신경 쓰기 귀찮을 따름이라고 내가 때때로 말할 때, 그게 무슨 의미였는지 당신은 이해한다는 것을 안다. 이렇게 난 당신의 아픔을 느끼고 있다.

당신이 삶을 좀더 쉽게 살 수 있게 나는 이제껏 관찰을 좀 했고 그에 따라 해주고 싶은 말이 좀 있다. 가난한 사람은 다른 건 몰라도 이 뒤틀린 세상에서 살아남는 법은 알기 때문이다.

그래서 심각하게 하는 말인데, 당신네들은 다 잘못하고 있다.

부자들에게 띄우는 공개서한

1. 일

당신네 부자들은 회의라는 것에 왜 그리 집착할까? 최근 나는 회의에 몇 번 참석할 일이 있었는데, 당신들이 어떻게 견디는지 당최 모르겠다. 당신네가 우리에게 지키도록 강요하는 그 미친 규칙들이 어째서 이 세상에 나올 수밖에 없었는지 홀연 깨달았을 정도다. 회의에 참석해보기 전에는 몰랐다. 상반된 규칙들이 공존하는 복지 프로그램이 왜 있는지, 비인간적일 만큼 현실감각 없는 재정지원 프로그램이 왜 있는지, 그 이유를 단 한 가지도 상상할 수 없었다. 하지만 이제 이해한다. 회의에 참석한 사람 중 자기가 실제로 회의에서 무엇을 했는지 감을 잡는 사람들이 아무도 없다는 게 그 이유다. 그들은 두뇌의 10퍼센트만 회의에 할애하고 나머지는 폭력적인 장면을 상상하거나 마지막으로 들었던 노래를 생각하는 데 다 쓴다. 그러한 회의에 참석하며 내가 했던 생각은 다음과 같다.

- 내가 상사들에게 저런 식으로 자꾸 자기 말을 되풀이하게 했으면 나는 모든 정규 직장에서 해고됐겠지.

- **이 얘기는 다 끝난 건데 왜 또 하는 거야! 한두 번도 아니고, 왜 또!**

- 시간이 돈이라면, 이 사람들네 세상은 대체 어떻게 기능하는 걸까?

- 아부하는 꼴 좀 보라지.

- 와, 여기 있는 사람들 지금 다 딴짓하고 있네.

- 왜 자료를 굳이 읽어주는 거지. 여기 있는 사람들도 다 글을 읽을 줄 아는데.

- 이 회의를 하는 이유가 사실은 없을 수도 있는 걸까?

부자들이여, 농담이 아니다. 이 메모의 복사본을 받고 싶으면 이메일을 해도 좋다.

조금 전까지도 난 여러 다른 회의에 연달아 앉아 있었다. 사람들이 일은 언제 할까 궁금해하면서. 내가 깨달은 것은 이랬다. 어떤 회의도 시작은 똑같다. 누군가가 "참석자의 시간과 발언할 권리를 존중하자. 그리고 발언을 짧게 유지하자"라고 말하면서 시작한다. 논의할 사항이 낭독될 때 나머지 사람들은 다 멍하니 다른 생각을 한다. 회의를 이끄는 사람에 의해 얘기가 좀 진행된다. 대부분은 지난 회의 결과의 뒤처리 얘기다.

그리고 재미나는 시간이 드디어 시작된다. 누군가 자리에서 일어나 뭔가 똑똑한 발언을 한다. 누군가가 해명을 한다. 세 번째 사람이 발언에 관한 질문을 한다. 그러고는 내가 예외 없이 낄낄 웃게 되는 순간이 바로 이때 오는데, 자기가 지난 10여 분 동안 손톱만큼도 주의를 기울이지 않았다는 티를 완벽하게 내는 질문을 누군가가 하는 것이다. 그런데, 아무도 그 점을 지적하지 않는다. 질문이든, 의견이든 표현만 조금 달리한다면 새로운 발언으로 간주된다. 씨발, 이게 대체 뭔가. 부자 나라들, 시간은 돈이라면서요. 이미 결정된 걸 계속 되풀이하는 데 쓰는 시간은 예외란 말인가요.

더 나쁜 것은, 상대를 안심시키려는 말이 끝없이 이어진다는 것이다. "제가 반대한다고 생각하지는 말아주셨으면 해요. 노이즈 마케팅의 일환으로 악어 열 마리를 사서 학교에 풀어놓자니, 정말 멋진 아이디어거든요. 다만 우리한테는 효과가 있을 거 같다는 생각이 들지 않을 뿐이에요." 도대체 어째서 당신네는 서로에게 '당신 아이디어가 별 볼 일 없다'고 단도직입적으로 말해주지 않는가. 어째서 '자신감을 북돋아주자' 놀이를 하는가. 부자 여러분, 여러분은 나쁜 아이디어를 내도 되고 별 관련 없는 발언을 해도 된다. 그렇다고 해서 끔찍한 인간이 되는 건 아니란 말이다. 그 사실을 받아들이고 최고로 점잖은 표현의 탈을 쓴 비판까지 슬쩍 끼워넣으며 사과의 말을 5분 동안이나 하지 않아도 된다. 가난한 우리가 평일에 당신이 사과하는 시간을 조금 빌려 쓰면 딱 좋을 것 같다. 그렇다면 우리 둘 모두의 문제가 해결될 것이다.

원래 예정 시간보다 필연적으로 최소 20분은 길어진 회의가 끝날 무렵이면, 사람들은 누구도 자기들이 무엇을 달성했는지 잘 모르지만 자기들이 갖고 있던 생각이 남들 귀에 다 들어는 갔다고 느낀다. 나는 비즈니스 회의라는 것은 부자를 위한 집단 치유 프로그램이라는 결론에 도달했다. 모두 자리에 앉아 서로를 보며 자기 차례가 오기를 기다려 말을 하는 것이다. 그래야 회의실을 떠나는 것이 허용되지 않는 동안에 멍하니 딴전을 피울 수 있으니까.

회의에 참석한 덕분에 나는 당신들이 직장에서 농땡이를 피운다는 사실도 깨닫게 되었다. 당신들이 그저 그 표현을 쓰지 않는 것일 뿐이다(게다가 당신들은 다 개인 사무실이 있어 컴퓨터 게임을 하거나 온라인 쇼핑을 할 때 남이 보지 못하도록 문을 닫아 놓을 수 있다).

자, 부자들이여. 당신네의 노동윤리나 업무 접근 방식에 허점이 없다고는 볼 수 없다는 결론이 나온 지금, 가난한 우리가 일하는 방식에 대해 젠체하며 건방 떠는 건 그만두는 게 어떨까? 또한,

- 우리가 하는 일을 당신이 하는 일과 등가 취급하는 건 제발 그만뒀으면 한다. 당신이 애쓰지 않는다는 건 아니다. 당신이 피곤하지 않다거나 업무가 과다하지 않다거나 그런 얘기도 아니다. 그저 나는, 원할 때 쉴할 수 있는 일과 쉴할 수도 없는 일 사이에는 선이 존재한다고 보는 것뿐이다.

- 무지막지한 금액의 임금을 받으면서 그만큼 받을 만하니 받는 거라고 우리에게 정당화하지 말아줬으면 한다. 어떤 사람이 분당 몇 천 달러씩 돈을 받는 것이 타당하다고 당신 혼자서 주장하는 건 좋다. 그저 우리한테 같이 그런 척하자는 요구는 하지 말라 이거다. 당신들은 우리를 대화에서 배제하는 솜씨가 아주 좋지 않은가. 그러니 이번에도 배제해줬으면 한다. 뒷말이 시작되면 그때 알려줘라. 다시 대화에 합류할 테니까. 분명 누가 누구랑 잤을 거다.

- 당신이 우리를 고용해줄 수 있지 않을까? 당신들이 과도하게 부려지는 것을 불평하는 말이 내 귀에 들린다. 가난한 사람들이 실업자가 된 걸 불평하는 소리도 들린다. 바로 여기에 해결책이 있는 것 같다. 우리가 싸게 일한다는 거, 당신도 알고 있다, 그렇지 않나. 단돈 10달러에 우리는 당신 심부름을 한 번 해줄 수도 있고, 너무 지루해서 골치 아픈 그 표준보고서를 써줄 수도 있다. 우리는 지루한 일을 하는 데는 아주 잘 단련되어 있다.

2. 시민학

이건 내겐 중요한 주제다. 시민에 대한, 시민의 임무와 책임과 특권에 대한 학문이 시민학이다. 이는 '당신이 하나의 계급으로서 자주 투표를 하는지 아닌지'보다 큰 주제다. '당신이 창조해온 국가에 당신이 살고 싶은지 아닌지'에 대한 얘기이다. 당신이 만약 내일 지금보다 낮은 계급으로 태어난다면 당신은 미국이 기회의 땅이라는 것을 그렇게 확신할까(내가 방금 어떻게 했는지 봤지? 이게 '철학'이란 것이다. 부자 나리들, 나는 당신네 언어를 사용하려고 노력하고 있다. 당신이 오늘 즐거운 하루를 보내고 있기를 내가 맘 깊이 바라고 있기 때문이다)?

부자들이 이 분야에서는 아주 위선적이라고 생각하느냐고? 당연한 거 아닌가. 내가 구구절절 말을 더 해야 하나.

- 부자인 당신이 '만드는 자'라면 과연 당신은 '무엇을 만드는

사람인가. 나는 음식을 만들어 상자를 채우고 돈을 위해 물건을 교환한다. '만드는 자' 말고 제발 다른 단어를 생각해줘라. 아, '마법사'는 어떤가. 당신은 아무것도 없는 데서 돈을 창조할 수 있는 모양이니까. 그리고 제발 어떻게 그렇게 하는지 나한테 가르쳐줬으면 좋겠다■.

• 허망한 꿈인지는 알지만 그래도 바란다. 우리 모두가 정부로부터 뭣 같은 대접(사회보장, 도로, 세제혜택, 농업지원금, 소방시설)을 받는다는 걸 그냥 순순히 인정하고 당신 할 일이나 하면 어떨까?

• 주 정부가 도로와 중앙분리대와 교통표지를 제대로 잘 관리한다면 한 동네를 근사하게 유지하는 것은 상대적으로 쉽다. 하지만 정부가 이미 근사한 구역을 계속 근사하게 유지하느라 너무 바쁘다면, 그들이 '근사하지 않은' 구역을 개선할 시간은 없게 된다. 가난한 사람들은 어째서 무너져가는 지역에 사는 건지 당신이 궁금해할 때 우리가 웃는 이유가 그거다. 공공서비스 예산이 삭감되면 그 피해는 부르주아 동네는 절대 입지 않는다. 당신네들이 관리하는 언론에서도 보도하고 있는 사실이니 당신도 알고 있어야 한다고 본다.

■
부의 재분배를 표현할 때 세금을 내는 부자는 부를 창조하는 '만드는 자(Maker)'로, 세금을 내지 않는 가난한 사람들은 복지수급을 받으니 '가져가는 자(Taker)'로 지칭하는 부유층과 공화당원들을 겨냥한 발언으로 보인다. 근래 이 표현으로 논란을 일으킨 이로 폴 라이언(Paul Ryan) 미국 하원의장이 있다.

- 당신네 개들은 레스토랑의 손님이 아니다. 아무리 완전 귀엽다고 해도 말이다. 하느님께 맹세코, 걸맞지 않은 장소에서 소형견을 본 게 내가 이제까지 남자랑 잔 것보다 최소 열 배는 많다. 부자들이여, 여기 새 소식이 있으니 들으라. 레스토랑에 들어올 수 있는 동물은 봉사 목적을 가진 동물뿐이다. 이것은 실로 공중보건의 문제다. 어째서 당신네가 단지 개를 집어넣을 수 있는 핸드백을 찾았단 이유로 자기들은 완전히 법 위에 군림해도 된다고 멋대로 결정하는 건지 이해가 안 된다.

3. 태도

뭐, 인정한다. 때때로 나는 못된 태도를 보인다. 그 정도는 인정하겠다. 하지만 적어도 난 대체로 그걸 당연하게 여기지는 않는다. 상류계급 사람들은 누군가가 자기 일을 다 해주는 데 너무 익숙한 나머지, 누군가가 자기를 보고 진정으로 기뻐하지 않으면 이성을 잃고 개인적으로 공격을 당하는 것처럼 느끼기 시작한다. 그런 식으로 난리 치는 사람이 조금은 불쾌하다는 걸 꼭 말로 해야 하는 건 아니리라 믿고 싶다.

- 당신이 보기에 가난한 사람들이 대접받기를 당연시한다고 생각한다면, 부자에게 이렇게 한번 해보라. 자신이 마땅히 받을 권리가 있다고 그가 생각하는 서비스를 불퉁한 태도로 거부해보라. '애도'를 느끼는 데 단계가 있는 것처럼, 부자들

의 반응도 단계를 거친다. 분노와 부인이 처음에 나온다. 그 다음엔 "내가 원하는 걸 얻지 못하면 너 완전히 후회하게 될 거야, 그거 알아"가 나온 후 "윗사람 데리고 와"가 나오고, "내가 이제까지 살면서 이따위 대접을 받은 적이 없어"가 나온다. 마지막 단계는 협상이다. 돈을 조금 더 얹어주려고 하는 것이다. 부자는 삶 전체가 발렛파킹 서비스 같은 것이라 5달러만 더 얹어주면 세상도 바꿀 수 있기 때문이다.

- 그래도 내 말이 믿기지 않는다면 이렇게 해보라. 얼룩졌거나 의도하지 않게 찢긴(전문적으로 찢어놓은 것은 근사해 보이기 때문에 오늘의 목적에는 쓸모없다) 옷을 입고 어딘가의 현관 계단에 앉아 있어보라. 그리고 옷을 잘 차려입은 다른 사람들에게 무례한 말이나 지독한 시선을 얼마나 많이 받는지 기억해두라. 부자인 것은 백인인 것과 같단 말이다, 이 사람들아. 백인이라고 해도 뭣 같은 순간은 겪을 것이다. 그렇지 않다는 말은 않겠다. 그저, 백인 대우를 두 배로 받는 것이 불편하다는 말은 안 하는 게 좋겠다는 것뿐이다. 왜냐하면 다른 대안은 훨씬 더 불편하기 때문이다. 당신이 취할 수 있는 다른 선택지는 백인이 아닌 인종이나 민족이 되는 것인데, 그들은 모두 인간이라면 평범하게 겪는 뭣 같은 일에 더해 공고하거나 공공연한 종류의 인종차별까지 '더' 겪는 사람들이다. 부자로 사는 것도 마찬가지다. 당신들이 손해 보는 쪽이 되는 일은 결코 없다고 말하려는 것이 아니다. 내가 말하는 건, 그저 살아남기 위해서는 돈을 너무 많이 써야 하므로 연 20만 달러로는 생계를 이어나갈 수 없다며 징징거

리는 건 아주 웃겨 보인다는 거다. 클린턴 정권 때처럼 자본 소득을 다시 인상한다는 말에 유황 지옥이 펼쳐진 것처럼 구는 모양새가 까탈스럽고 현실의 맛을 조금도 감당하지 못하는 인간처럼 보인단 말이다. 때로는 그저 입술을 깨물고 말을 아껴야 한다. 개새끼처럼 보이고 싶지 않으면 말이다.

• 버락 오바마가 부자들에게 한 말 때문에 난리가 났다. 부자들이 자기만의 힘으로 성공한 것은 아니라는 말이었다. 그런 소리는 하면 안 되는 것이다. 왜냐하면 부자들은 너무나 소중해서, 자신의 성공이 자기 힘으로 이룬 것이 아니라든가, 자기가 엄마 배 속에서 이미 잘나가는 사업가이거나 사람들이 자길 이렇게 봐주었으면 좋겠다고 생각하는 직업으로 완전히 형성되어 튀어나온 것이 아니라는 생각은 견디지를 못한다. 현실을 자기들에게 숨기기 위해 온 세계가 음모를 꾸민 것이 분명하다고 실제로 믿는 오만도 모자라, 누군가가 입에 쓴 진실을 감히 말했다고 해서 화까지 낸다니, 나는 그런 건 상상조차 못 하겠다. 당신네들, 그보다는 강해져야 하지 않겠는가.

4. 건강

나는 부유한 사람들이 어떻게 건강을 관리하는지 전혀 모른다. 그들의 기회를 가져본 적이 없으니까. 하지만 나는 더 편안한 삶을 누리는 사람들이 꽤 멍청해 보이는 짓을 좀 한다는 건 잘 알고 있다. 나는 자동차나 신체가 어떻게 기능하는지에 대해서는 고등학위나 수년 간의 경험이 있는 사람들을 신뢰하는 편이다. 적어도 내게 그들이 요구하는 것이 이성적이고 달성할 수 있는 거라면 그렇다. 내 손에 닿지 않는 것들만 무시한다. 하지만 부자님네들, 당신이 모든 것을 안다고 생각한다면 애초에 왜 수고롭게 의사한테 가는 건가.

- 부자들은 너무너무 안됐다. 돈을 많이 가지고 있다는 건 진짜 엿 같다. 노화에 대한 변명을 할 수 없으니까. 당신은 '유지'를 해야만 하니까.

- 그렇다 해도 당신들이 돈을 뿌려가며 사는 쓰레기 같은 것들을 보면 나는 정말 화들짝 놀란다. 진짜 진주 가루가 든 로션이라니. 진짜. 진주. 백화점 가판대에서 그 로션에 관해 물어본 적이 있다. 무지막지하게 비쌌다. 보석에 준하는 것을 얼굴 전체에 말 그대로 치덕치덕 바르니 그럴 수밖에 없겠다.

- 당신네들, 노화방지 수술이나 시술을 받고자 하는 충동을 제발 통제하는 게 좋겠다. 정말로. 당신들 얼굴이 어떻게 보이기 시작하는지 아는가. 기괴하다. 적어도 우리 하층계급은 실패한 성형수술의 결과를 떠안고 살 필요는 거의 없다. 가난한 사람 중 입술에 콜라겐을 과다주입하거나 이마를 마비시키는 여자는 없다고 보면 된다. 빈곤이란 나름의 특권이 있는데, 그중 하나가 미의 기준과 의료사고 소송 사이에

그어진 선에 대해서 걱정할 필요가 없다는 점이다.

• 우리는 민간요법을 사용한다. 서양의학 전체보다 우월하기 때문이 아니라 저렴하기 때문이다. 진짜 의사에게 갈 돈이 있는데 약초요법을 선호한다면, 당신은 이성을 깡그리 잃은 것이다.

• 몸이 기진맥진해질 권리를 사려고 진짜 현금을 내는 당신들. 공짜로 길거리를 뛸 수 있다는 생각은 해본 적이 없나. 런닝머신 위에서 뛸 권리를 위해 헬스클럽에 돈을 낼 필요가 사실은 없다는 생각이 든 적이 없단 말인가. 부유한 여자한테 이 말을 했더니 에어컨이 켜진 곳에서 운동하는 게 더 좋다나. 내가 뭔가 근본적으로 오해하고 있는 걸까? 체중 감량에는 땀을 내는 것이 '좋은' 일인 줄 알았는데.

• 왕진의사. 전화 한 통에 집으로 오는 의사를 두는 사람들을 문제라고 생각하지는 않는다. 하지만 자기만의 특별한 VIP 진료실을 가지는 건 개새끼처럼 보인다는 생각은 확실히 한다. 의사들이 그런 일을 한다. 보통의 환자를 위한 보통의 진료실과 대기실 외에 소수의 선택된 환자들을 위해서 스파 같은 번쩍번쩍한 장소를 따로 마련해둔다. 한 의사가 두 개의 진료실을 둔다는 거다. 그렇다고 당신이 전문적 기술의 혜택을 더 누리게 되는 건 아니다. 그 의사는 살짝 더 세련된 환경에서 아부를 더 떠는 것뿐이다. 당신이 '그렇지 않다, 나는 진료시간도 더 얻는다'는 (타당한) 주장을 한다면,

나는 그저 이렇게 말하겠다. 특별 간호사를 고용해서 당신 팔에 생긴 잡티 고민을 들어달라고 하면 안 될까? 의사들이 그 일을 하고 다니기엔 이미 부족하단 말이다. 약속한다. 대부분의 경우에 재능 있는 간호사들은 의사들만큼 실력이 좋다.

5. 해소법

부자들이여, 당신들도 분명히 스트레스를 느낄 거라고 나는 확신한다. 누구의 인생도 완벽하지 않으니까. 하지만 나는 또한 당신들의 스트레스와 나의 스트레스가 이름이 같다는 게 유일한 공통점이라는 것도 확신한다. 나는 내 습관과 결함 때문에 온갖 나쁜 소리를 다 듣는다. 나는 당신이 아무 일도 당하지 않고 빠져나가도록 둘 수는 없다. 미안하다, 부자 친구들. 하지만 나는 당신이 똑같은 인간임을 강제 커밍아웃시키겠다.

- 담배를 누가 피우는지 아는가. 부자들과 가난한 사람들이 피운다. 그게 무슨 뜻인지 아는가. '부자들도 담배를 피운다'는 뜻이다. 농담 아니다. 부자들이 그러는 거, 나는 봤다. 그 사람들 손을 만져보고 그들이 홀로그램 같은 게 아님을 확인하려고 그중 몇 명한테 내가 라이터를 빌려준 적도 있단 말이다. 너무나 끔찍하고 낭비적이며 멍청한 습관이 있다는 이유로 이제껏 사는 동안 엄청난 시달림을 받아온 내가 부자들은 그렇게 격이 낮은 습관을 갖기에는 너무나 고매하신

분들이란 생각을 했다. 하지만 안 고매했던 모양인지, 그들은 우리와 함께 거리에서 암에 걸리고 있다. 어째서 가난한 사람들은 담배를 피워댈까 하는 불평에 이제 귀를 닫아야 할 것 같다. 부자들이 담배를 피우는 이유가 대체 뭘까? 왜 피울까? 그들이나 우리나 흡연을 하는 이유가 존나 비슷하다는 것에 돈을 걸라면 걸겠다.

- 당신네가 우리 가난한 사람들의 마약과 알코올 사용에 가타부타하면 진짜 웃겨 보인다. 번쩍번쩍한 약물중독 재활센터들이 번성하고 있는 상황이니 말이다. 중독이라는 게 끔찍하고 누구도 그것의 희생양이 될 수 있다는 점을 당신은 마땅히 인정해야 한다. 그렇게 안 하면 우리는 당신이 겪고 있는 엄청난 처방약 남용 문제를 지적하기 시작할지도 모른다. 당신이 그걸 원하지는 않을 것이다. 약물 과다 사용으로 몰리는 건 뭔가 창피스러운 일이기 때문이다.

6. 섹스

당신들 중 결혼했을 때 동정이었던 사람이 과연 몇 명이나 있을까? 자, 이래도 우리 가난한 사람들의 섹스 행태가 토론의 대상인가. 당신네는 특권층이 아닌 사람들이 부주의하게 마구잡이로 몸을 굴리는 것은 그리 걱정하는 주제에 자신에게는 그 높은 기준을 절대 적용하지 않는 것 같다.

- 지금 내가 하려는 말은 어디서나 들을 수 있다는 말이지만 상당히 가치가 있는 주장이라 그래도 또 말하겠다. 피임하기 어려운 환경을 당신이 만들어놓고 사람들이 임신했을 때 놀라는 척하는 건 안 된다. 다리를 꼭 오므리고 다니는 부자들은 거의 없을 것이라는 점, 나는 상당히 확신한다. 가난한 사람들도 때때로는 섹스를 하는 게 허용된다. 그리고 실제로 한다. 왜냐하면 우리는 인간이니까. 당신이랑 똑같이 말이다.

- 진정, 당신들은 콘돔이든 뭐든 쓰기 시작해야 한다. 당신네 성병 발생률이 우리네 발생률하고 거의 같은 수준이다. 당신들이 공중보건에 대해 이러네 저러네 떠드는 소리가 듣기 힘들다. 당신이 우리만큼이나 자주 임질에 걸리는 상황이니 말이다.

- 예절이라 불리는, 부자들 특유의 조신한 감각이 우리에겐 부족하므로 우리 하층계급은 솔직하고 공개적으로 말을 하는 경향이 있지만 당신들은 그러지 않는다. 따라서 당신들이 BDSM[■]에 대해 잘 알고 있지 못할 가능성은 매우 크다.

■
BDSM(Bondage, Discipline 또는 Domination, Submission 또는 Sadism, Masochism)은 본디지(Bondage)라 하여 성행위 시 밧줄 등으로 상대를 결박하는, 소위 '속박 플레이' 등을 포함한 가학 및 피학 성행위나 성 활동을 가리킨다. 피학 성애자가 신체적인 위협이나 위험을 느껴 가학 행위를 멈추게 하고 싶을 때 사용하기로 가학 성애자와 미리 합의하는 표현이 '안전어'이다. BDSM의 특성상 피학 성애자가 가학 행위를 멈춰달라는 요청을 해도 그 요청이 진심이 아니라 행위의 일부로 간주될 위험이 있기 때문에 '안전어'를 사전에 정하는 것은 중요한 일이다.

《그레이의 50가지 그림자Fifty Shades of Grey》 시리즈가 그리 성공적인 이유도 그 때문일 것이다. 뭐가 뭔지 노골적으로 말해주는 가난한 사람이 곁에 없이 지내는 당신이 걱정되어 말해주니 제발 귀 기울여 듣기 바란다. 당신은 '안전어'가 필요하다. 그러니 부자들이여, 절대 혼자서 본디지를 하지 말라. 찐하게 놀고 싶으면 제발 고급 섹스 클럽에 가라.

7. 양육

내 양육법도 문제가 많겠지만 내 눈에는 상류계급의 양육 행태 또한 비판할 것이 많다. 부자와 가난한 사람은 다르기 때문에, 우리가 소중히 여기는 것도 다르다. 나는 당신네들이 당신 애들을 키우는 방식이 불만이다. 그 애들은 암을 치유할 운명을 타고난 특별하고 소중한 유니콘이 아니다. 그런데도 아이들에게 "너희들은 유니콘이야"라고 말해준다면 아이들은 마치 그것이 진실인 양 행동해도 괜찮다고 느끼게 된다.

부자들이여, 당신들은 이 악순환을 멈출 수 있다. 모든 사람처럼 당신 아이들 또한 인간이라고 애들에게 가르치기만 하면 된다. 아니, 소중한 눈송이까지는 봐주겠다. 하지만 놀이터에서 착하게 굴지 않으면 눈송이도 여전히 야단을 맞는다는 것만 알게 하면 될 것이다. 나는 다음 세대를 치유할 당신의 능력을 깊게 믿고 있다. 부자들이여, 당신들만 믿는다. 부디 나를 실망시키지 말기를.

- 잠깐, 베이비시터에 대해 얘기해보자. 당신이 당신 아이를 길러줄 베이비시터를 고용했고, 그가 당신만큼이나 또는 그보다 더 많이 아이의 양육을 담당하고 있다면, 당신은 그들의 육아 기술에 대해 다른 누구도 탓할 수 없다. 당신이 고등학위를 가지고 다양한 언어를 할 수 있는 사람을 당신 2세에게 자장가를 불러줄 수 있게 고용했다면 참 잘했다. 칭찬해주겠다. 하지만 나는 당신이 육아 외의 삶에 신경 쓰기 위해서 베이비시터 한둘을 고용해 아이를 기르게 하는 것과 같은 이유로 내가 아이를 잠깐 몇 시간 베이비시터에게 맡기는 것의 차이를 알지 못하겠다. 둘은 '똑같은 일'이다.

- 아이들에게 사주는 물건들은 또 어떻고! 이에 대해 이미 좀 얘기를 했지만 그래도 또 하겠다. 당신은 진정, 평균적인 영아가 필요한 게 그렇게 많다고 생각하는가. 나는 탱탱볼과 색칠놀이책에 약해서 우리 애들은 이것들을 산더미같이 가지고 있다. 그런데 우리 애들이 없는 게 뭔지 아는가. 조르지오 아르마니 이름이 쓰여 있는 것. 그런 건 하나도 없다. 아이에게 뭐든 간에 디자이너 이름이 붙은 걸 주거나 입히는 건 존나 한심한 짓이다.

- 부자들이여, 당신 아이들은 참 안됐다. 당신 아이들은 어린 아이이길 허락받지 못한다. 세 살만 되면 가정교사가 붙고 유아원에서 표준화시험을 치르기 시작한다. 당신네 아이들의 부모는 아이가 막대기와 돌을 가지고 노는 게 좋은 생각이 아니라고 진심으로 생각하는 사람들이다. 실로 객관적으

로 옳지 않은 양육법이라고 생각하는 부모 말이다. 긴장을 좀 풀어라. 아이들은 살아남을 것이고 당신도 마찬가지다.

• 내가 보장하는데, 당신은 티타늄으로 만든 유모차가 필요 없다. 설명할 것도 없이, 그냥 필요 없다. 철봉으로 된 접이식 여행용 유모차 대신 보통 크기 유모차를 손에 넣었을 때 레인지로버급 유모차가 생겼다고 생각했다. 최근 부유한 동네에서 시간을 좀 보낼 기회가 있었는데, 내가 틀렸음을 깨달았다. 내가 가졌던 것은 중간 사이즈 유모차였다. 엄청 큰 유모차들은 아이가 머물 공간뿐 아니라 식료품을 넣을 공간도 있고 당신의 2세가 심심하지 않도록 완구가 붙어 있는데다 바퀴에는 충격흡수장치들이 장착되어 있다. 그런 유모차를 모는 여자의 모습에 나는 변태적인 충동을 느껴 유모차 가격이 얼마였는지 물어보았고 그녀는 대답해주었다. 그 후로 나는 그런 유모차는 세탁소에서 드라이클리닝도 가져다주고 당신이 명령만 하면 달콤한 웅얼거림을 당신 귀에 속삭여줄 거라고 생각하고 있다. 나는 비싼 유모차에 드는 돈의 반도 안 들여 차를 산 적도 있다.

• 과학적으로 당신의 광적인 항균 스프레이 사용은 문제가 있다. 아이들은 면역력을 키워야 한다. 그러려면 균과 접촉을 해야 한다. 당신이 사실은 슈퍼박테리아라 하여 인간이 생각해낸 세균 박멸법들을 견디고 살아남는 균을 창조하고 있다는 것은 말할 필요도 없겠다. 당신이 아들 조니가 감기 드는 게 두려워 내가 슈퍼독감에라도 걸리게 된다면 난 정말

열 받을 거다. 뭐, 그럴 거라고.

- 난 정말 당신에게 심각하게 실망했다. 당신은 백신반대운동 따위를 하다가 홍역이 돌아오게 했다. 백일해도 되돌아왔고. 이제 어떻게 할 건가. 당신들은 자기 행동을 스스로 단속해야 할 것 같다. 아, 진짜 말이다. 나도 어머니다. 아이들을 보호하려는 마음을 물론 이해한다. 내가 말하려는 건, 당신이 아마 아이들을 이하선염에서 보호했을 거라는 것이다. 우리는 아마 그 시점에서 다시 시작하면 될 것이다.

8. 현실의 소소한 것들

당신이 사회계층화라는 것을 생각해본 적이 별로 없었음을 지금쯤은 느끼고 있기를 바란다. 당신들은 우리에게 절대로 말을 걸지 않으니 우리의 삶이 매일 어떤지 전혀 모른다. 당신이 예의바르게 우리를 무시하는 동안 우리는 당신들이 하는 것을 지켜보고 독특한 점은 알아채기도 한다. 이 책을 마무리하는 지금 나는 지혜로운 말 몇 마디를 나누고자 한다. 당신이 가진 두둑한 돈다발을 생각할 때마다, 그것이 선물이며 당신의 인생을 더 쉽게 해주고자 당신 인생 안으로 들어온 것임을 기억하라. 당신이 어쩌다 갖게 된 것이다. 그러니 열라 즐기든가 아니면 옆으로 넘기란 말이다.

- 당신들은 작은 것들을 너무나도 당연시한다. 운전할 때 졸

리면 당신은 그저 차를 세우고 호텔을 찾는다. 차가 망가지면 정비소에 전화한다. 아프면 의사한테 간다. 뒤축이 부러지면 새 신발을 산다. 이 개자식들아, 감사하란 말이야.

• 돈은 행복을 사주지 않는다. 돈은 안락함을 사준다. 돈이 있으면 당신의 삶을 산뜻하고 즐겁게 꾸릴 수 있고 좋은 품질의 매트리스를 사 밤에 잠을 푹 잘 수 있다. 그것이 당신을 행복하게 할 것인가. 어림없다. 그러나 당신을 해치지도 않을 것이다.

• 당신들이 돈을 다루는 데 그렇게 재주가 있다면, 자산관리사는 뭘 하는 건가. 다르게 말하면, 당신이 돈을 잘 다루는 것은 다른 사람에게 돈을 주고 그로 하여금 세세한 것을 처리하게 하기 때문이 아닐까?

• 품질보증이란 정말 멋지다. 새 물건을 살 때만 딸려온다. 우리가 가진 물건들은 다 망가졌는데 당신 물건은 안 망가진 이유가 그거다. 당신이 무엇을 사면 일종의 유예기간을 얻어 그동안은 같은 걸 다시 살 필요가 없다는 확신을 할 수 있게 된다. 그 물건이 부서지면 보증이 적용되기 때문이다.

• 내가 국민소득의 평균보다 한참 아래에 있을 때 당신이 내가 돈을 벌지 못하는 건 다 내 탓이라고 계속 우긴다면 나는 좋은 일꾼을 찾는 게 얼마나 어려운지에 대해 당신네가 징징거리는 소리를 무시하겠다(부자 나리들, 이 분야 프로로서

한 말씀 올리겠다. 우리를 공정하게 대하고, 적절한 임금을 주고, 우리가 죽을지 살지에 손톱만큼은 관심이 있다는 것을 확실히 밝혀달라. 그러면 우리는 당신들을 위해 목숨을 바칠 것이다).

내가 할 말은 다 끝났다, 부자들이여. 도움이 되었길 바란다.

맺는 글

독자 여러분은 이 책을 처음 읽기 시작했을 때보다 궁금한 게 수천 개는 늘어났을 것이다. 그렇지 않나. 언제부터 우리는 도금시대■를 다시 겪게 된 거지. 아무 이유 없이 해고할 수 있다니 그게 무슨 소리인가. 가난한 사람들이 시작부터 그렇게 좆된 거라면 노력을 할 필요가 조금이라도 있는 건가.

흠. 우린 다른 선택지가 없다. 수백만 명의 사람들이 매일을 살아가지만 오늘이 인생이 나아질 그날이라는 희망을 품고 살지는 않는다. 하지만 우리는 여전히 현재의 일자리보다 조금

■ 도금시대(鍍金時代)란 마크 트웨인(Mark Twain)의 동명소설 《도금시대(*Gilded Age: A Tale of Today*)》에서 비롯된 표현으로, 미국 남북전쟁 이후 19세기에서 20세기로 이어지는 30여 년의 기간을 가리킨다. 이 기간 동안 급속한 산업화로 자본주의가 급격히 발전한 반면, 거대 기업가들의 출현으로 부의 편중, 탈법, 부정부패라는 산업화의 부작용 또한 두드러졌는데 겉만 화려하고 알맹이는 썩은 모습이 마치 도금한 상태와 같다 하여 도금시대라는 이름이 붙었다고 한다.

이라도 나은 다른 일이 뭔가 있을까 두리번거리면서 살아간다. 혹시나 해서 말이다. 우리가 가진 모든 선택이 다 고만고만 별로일 때, 그저 최고의 것이 나오길 바라며 그중 하나를 고를 뿐이다. 그게 다다. 때때로 그 결정이 결코 좋지 않았던 것으로 드러날 때가 있다. 가끔은 내 잘못이기도 하다. 나 또한 인간일 따름이기에 실수를 한다. 하지만 많은 경우에, 좋지 않은 결과는 처음부터 예정되어 있었다. 몹시 나쁜 선택과 이가 갈리는 선택 사이에서 하나를 고른 후에 행복의 휘파람이 나올 일은 없다. 당신이 내가 설명한 빈곤을 그저 나 한 사람의 경험치로 격하시키려 할 수도 있겠지만, 나만 예외적인 게 아니다. 수백만 명의 사람들이 월마트를 위해 자기 엉덩이를 흔들어대며 살아왔다.

앞의 대답이 당신의 궁금증을 적어도 얼마간은 풀어주었기를 바란다. 미안하지만 나는 모든 질문에 다 답을 알지는 못한다. 그러나 어떻게 당신이 답을 찾아낼 수 있는지는 정확히 알고 있다. 그냥 누군가에게 물으면 된다.

독자 여러분, 가난한 사람들과 노동계급인 사람들은 곳곳에 깔렸다. 그저 한 명을 선택해서 대화하면 된다. 진짜 인간처럼 말이다. 부디 해보라. 마음에 들 것이다. 우리는 재미있는 사람들이다. 그럴 수밖에 없는 것이, 케이블 채널은 말도 안 되게 비싸기 때문에 우리는 서로를 재미나게 해줄 수밖에 없다.

내가 전문가라는 주장은 하지 않겠다. 사회단층화의 문제를 어떻게 해결할 수 있는지 나는 모른다. 내가 아는 것은 우리 사회가 지금보다는 잘할 수 있고, 잘해야 한다는 것이다. 이러한 문제들에 관해 우리 사회는 너무나 뒤떨어져 있다. 가난한 사람들이 너무 안락한 게 아닌가에 대한 공개 언쟁까지 벌이고 있으니 말 다했다(안녕하쇼, 폴 라이언 하원의장님). 가난한 건 존나 불쾌한 일이다. 공짜로 남의 등에 업혀가는 것도 아니고 해먹에 누워 산들바람을 즐기는 것도 아니다. 모든 걸 잃었을 때, 남보다 앞서기 위해 싸우는 것이 아니라 그저 살아남기 위해 싸우고 있을 때 우리 옆에 남아 있는 것이 바로 가난이다.

분노한 마을 사람들이 쇠스랑을 가지러 가기 전에 어떻게든 손을 봐야 한다고 느낀다면, 할 수 있는 일이 있다. 서비스직 노동자에게 시시때때로 못되게 구는 것을 그만둬라. 누군가가 일을 잘하면 그 거지 같은 만족도 조사에 응해줘라. 왜냐하면 우리는 정말로 만족도 조사 할당량을 채워야 하기 때문이다. 팁 주기를 거부하면서 우리에게 호의를 베풀거나 고고한 도덕적 의무를 수행하는 척하는 것을 그만둬라. 우리에게 당신들이 필요한 만큼 당신들 또한 우리가 필요하다는 점을 인정하기 시작하라.

마지막으로, 당신이 당신 몫보다 사회의 짐을 더 지고 있다는 느낌이 들면 자신에게 이렇게 물어보라.

"나, 지금 쉬가 너무 급한가? 그런데 쉬를 하려면 먼저 허락을 받아야 하나?"

감사의 글

파운드리 에이전시의 몰리 글릭. 내 에이전트가 되어준 그녀의 미래에 베스트셀러만 있기를. 몰리가 다음에 저자로 만들고자 하는 사람이 나보다는 자기가 뭘 하고 있는지 감을 잡고 있기를 바란다. 에이미 아인혼은 이 세상 모든 칭찬을 독차지해도 된다. 장난스러운 유머 감각이 있는 이 기막히게 유능한 편집자는 고맙게도 내게 피터넬 반 아스데일을 소개해주기도 했는데, 피터넬은 좋은 음식을 어디서 찾을 수 있는지 알 뿐 아니라 반쯤 형성된 생각을 내 뇌에서 뽑아내 말이 되게 하는 데도 능했다. 내가 머릿속을 정리하는 동안 끈질기게 질문을 던지며 나를 가르쳐준 로드니 스테턴 또한 내 감사를 받을 자격이 있다.

나는 또한 다음 사람들에게 감사하고 싶다.

일의 진척 상황을 항상 제때 알려주었고 역사상 가장 근사한 광고 문구를 보내준 세라 베닌카사. 엄청난 스트레스를 참아낼 수 있는 능력을 한껏 발휘하여 나를 언제나 매우 잘 견뎌내준 알렉시스 웰비. 시차를 고려해 세부사항을 조율해주면서 일이 진행되게끔 도와준 커스틴 뉴하우스. 그리고 내 책이 나오는데 일조한 파운드리 에이전시의 얼굴 모르는 모든 분들도 감사하다. 내가 예의 그 어조일 때도 어김없이 내 전화를 받아주고, 내가 받은 메일함에 마지막으로 들어온 메일을 잃어버릴 때마다 끊임없이 다시 메일을 보내준 에밀리 브라운과 케이티 그린치. 아이반 헬드와 케이트 스타크, 앤드리아 호, 리사 아모로소, 린다 로젠버그, 메러디스 드로스, 모린 클라이어와 그 외 내가 이름을 알지 못하는 펭귄 출판사의 여러분들, 이 책을 만드는데 시간을 써줘서 감사하다. 어떻게 가능했던 건지 아는 척하지는 않겠지만 정말 고맙다. 마지막으로, 바통을 받아들고 프로 선수처럼 뛰어줬던 리즈 스타인에게도 고맙다고 전하고 싶다.

당시에는 몰랐지만 몇 년 전 내게 도움이 된 말을 해준 바버라 에런라이크에게도 고맙다. 그녀의 격려는 아주 시기적절했다.

존 올리버와 앤디 잘츠먼. 〈역사 속의 핫한 남녀들*Hotties from History*〉 팟캐스트를 해줘서 고맙다. 그리고 이제껏 살면서 내가 만난 모든 사람들도 고맙다. 당신들은 모두 나름대로 너무나 멋진 존재들이다. 우리가 만났을 때 내 상태가 좋지 않았다면 미안하게 생각하고, 당신 상태가 좋았다면 감사하게 생각한다. 당신을 만나 같이 어울릴 수 있었던 것이 무엇보다도 기뻤다. 그중 네 명은 나가 죽어도 되지만.

부모님께 한 말씀 드려요. 독서를 하게 해줘서 고맙고요, '내가 살아서 성인이 되도록 한 것'은 상당히 힘드셨죠? 그 시절을 되돌아보면 나라도 나 자신한테 목줄을 채우고 싶을 듯해요. 문신해서 미안해요. 하지만 또 새길지도 몰라요. 그리고 우리 아이들에게도 한마디! 엄마는 열여덟 살까지 무지 잘 참았으니까 너희도 알아서 잘해라. 엄마가 너희들의 멍청함에 대해 법적으로 책임지지 않는 날이 올 때까지는 모든 걸 참아야 한다, 알았지? 엄마는 너희들을 사랑해. 그리고 너희에겐 좀 안된 일이지만, 엄만 너희를 너무 사랑하기 때문에 너희가 영원히 열일곱 살에 머물도록 내버려둘 순 없단다. 그건 지옥일 거야.

낸시 스틸네이커와 크리스털 코리건 그리고 제이콥 레너드. 당신들의 지식이 고맙고 그냥 멋진 사람들이라 고마워요. 당신들은 다 닌자야! 라이언 클레이턴! 써주신 서평 완전 정확해요. 그보다 더 잘 표현할 길은 없을 겁니다. 인류에게 아주 필요한 믿음을 약간 회복시켜준 브라이앤 그리벨! 멋진 사람이어서 고마워요.

톰에게 한마디. 말로 다 표현할 수 없을 정도로 당신한테는 고마워. 내가 글을 쓰는 데 필요한 시간을 줘서 고마워. 아이들이 내 글을 지우는 것을 막아줘서 고맙고, 여차하면 우겨서라도 웃기는 만화를 보게 해줘서 고마워. 당신이 최고야! 내가 죽는 날까지 인디펜던츠 노래를 플레이리스트에 넣어놓을게!

크리터, 슬레이 벨, 그리고 내가 지난가을 얼쩡거린 모든 웹사이트들 운영자들에게 한마디. 당신네들이 최고야. 일반 네티즌들에게 한마디. 지난 몇 년 동안 당신들과 어울리면서 난 내 인생 전체에서 배운 것보다 더 많이 세상에 대해 배웠다. 내가 품위를 갖추고 나 자신을 올바르게 간수할 수 있다면 그건 당신네가 인내심을 가지고 내게 가르쳐준 것들을 떠올린 덕분일 것이다. 그리고 내가 기막힌 한 줄 요약을 쓸 수 있다면, 그건 내가 온라인에서 만난 최고 고수들에게 배웠기 때문이다.

　마지막으로, 이 책을 읽고 내가 이야기하고자 하는 것이 정확히 무엇인지 알고 있는 모든 이들에게 한마디. 당신은 자신이 생각하는 것보다 더 많은 것을 얻었다. 그것을 요구하는 것은 당신의 권리이니 굳이 부탁하지 말자. 당신이 괜찮은 일자리를 잡아 삶을 주도하는 날이 곧 오길 바란다. 당신은 임금을 위해서 일하지만, 품격과 존중을 이미 벌어두었다. 그건 당신만의 것이다. 그렇지 않다고 말하려는 녀석들은 다 지옥으로 꺼져버릴 것.

핸드 투 마우스

부자 나라 미국에서 하루 벌어 하루 먹고사는 빈민 여성 생존기

1판1쇄 펴냄 2017년 1월 23일
1판4쇄 펴냄 2021년 9월 13일

지은이 린다 티라도 | **옮긴이** 김민수

펴낸이 김경태 | **편집** 홍경화 성준근 남슬기 한홍비
디자인 박정영 김재현 | **마케팅** 전민영 서승아 | **경영관리** 곽근호
펴낸곳 (주)출판사 클
출판등록 2012년 1월 5일 제311-2012-02호
주소 03385 서울시 은평구 연서로26길 25-6
전화 070-4176-4680 | 팩스 02-354-4680 | 이메일 bookkl@bookkl.com

ISBN 979-11-85502-59-5 03330

이 도서의 국립중앙도서관 출판예정도서목록(CIP)은 서지정보유통지원시스템 홈페이지(http://seoji.nl.go.kr)와
국가자료공동목록시스템(http://www.nl.go.kr/kolisnet)에서 이용하실 수 있습니다.(CIP제어번호: CIP2016032121)